가슴 설렌다,
오늘 내가 할 일들!

가슴 설렌다, 오늘 내가 할 일들!

초판 1쇄 발행 2015년 12월 1일
초판 2쇄 발행 2015년 12월 15일

지은이 **김종호** • 발행인 **권선복** • 편집 **김정웅** • 정리 **한영미** • 표지디자인 **최새롬** • 내지디자인 **용은순** • 마케팅 **정희철** •
전자책 **신미경** • 발행처 **행복에너지** • 출판등록 제315-2011-000035호 • 주소 (157-010) 서울특별시 강서구 화곡로
232 • 전화 0505-613-6133 • 팩스 0303-0799-1560 • 홈페이지 www.happybook.or.kr • 이메일 ksbdata@daum.net

값 15,000원
ISBN 979-11-5602-296-1 03190

당신은 진정한 프로페셔널인가?

가슴 설렌다,
오늘 내가 할 일들!

김종호 지음

도서
출판 행복에너지

프롤로그

우리나라 회계사 업계에서 가장 큰 사건이 90년대 말 대우그룹 몰락에 뒤이은 부실감사를 한 회계감사인들에 대한 엄중한 처벌이었다.

같은 회계법인 소속의 동료 회계사가 형사처벌을 받는 등 간난(艱難)의 고통을 겪고 소속 법인이 공중 분해되는 비극을 함께 경험했다. 만약 내가 그 당시의 대우그룹회사의 감사 담당 책임회계사 혹은 회계감사 법인의 대표와 같은 상황에 놓인다면 과연 그 감사계약 자체를 사양하거나, 감사보고서에서 부정적 의견 혹은 거절의견을 낼 수 있을까? 스스로에게 질문해 본다. 나 역시 그런 가혹한 심판대에 서면 100% "Yes" 하고 어느 쪽으로 결단내기가 쉽지 않을 것이다.

다만, 나는 37년여의 외길 회계사 인생에서 크고 작은 우여곡절을 거치면서도 지금까지 '프로회계사'로서의 자긍심과 자존감을 가지고 매일 아침 설레는 마음으로 일터에 갔다. 즐겁게 일했고 성취감에 만족스러워했다. 그냥 충실하게 내가 할 일을 할 때 고객을 위하고, 내가 속한 조직을 위하고, 더 나아가서 사회발전을 이루는 길이 된다고 생각했다.

평소에 '프로회계사'로서 프로페셔널리즘(프로의식)을 항상 생각하고 살아왔으나, 작금의 세월호 사건, 메르스 사태를 보면서 프로페셔널리즘은 이제 더 이상 사회 일부의 문제가 아니라 우리 사회 전체의 이슈라는 느낌이 들었다.

지금 우리나라의 현실은 암울하다. 세계 최고 강대국들에 둘러싸여 있고 치열한 경제전쟁에서 한순간도 방심할 수 없다. 국내 경제와 사회문제도 심각하고 소위 '삼포세대'라는 신조어가 생길 만큼 청년들의 현실도 암담하기 짝이 없다.

우리 모두가 진정한 프로라는 자존감과 일등정신을 가지고 자기가 맡아서 하는 일에 관해서는 세상에서 가장 잘할 수 있는 최고의 전문가가 된다면, 우리 사회는 선진사회 그리고 우리나라는 작지만 강한 일등국가가 될 수 있지 않을까!

독립적인 프로이든, 기업체의 사무직·생산직이든 상관없다. 공무원이든 사기업 직원이든, 언론인이든 정치인이든 상관없다. 각자 자기 분야에서 맡고 있는 일을 천직으로 생각하고 자존감과 긍지, 남다른 열정과 소명의식을 가지고 몰입할 때 우리 모두가 진정한 프로인 것이다!

지난해에 KPMG 삼정회계법인에서 '프로회계사'로서 외길인생 37년을 마치고 연이어 인생 2막에서는 그동안 은혜를 입었던 고객들을 위해서 이번에는 돈을 받는 프로가 아닌 일방적으로 봉사하고 보답하는 길을 택했다. '기업의 사회적 책임'이라는 시대적 요청에 기업은 어떻게 슬기롭게 대처해 나갈 것인지를 함께 고민하고 연구해 보기 위해서 세종CSV경영연구소를 개설한 것이다.

그런데 외길 '프로회계사' 생활을 마감하고 보니 무언가 한 가지가 빠진 것 같았다. 그래서 이 책에서 '프로회계사'로서 살아오면서 틈틈이 메모해 두었던 나 자신이 겪었던 일들, 내가 보고 듣고 느꼈던 직·간접 경험사례들을 바탕으로 모든 프로페셔널(Professional)들과 다양한 분야의 모든 직업인들에게 참고가 될 내용들을 모아서 정리해 보았다.

나는 프로회계사로서 사는 세월 동안 특별하고 다양한 경험을 하면서 지내온 까닭에 주위 사람들로부터 회계사 업계의 발전을 위해서 책을 쓰라는 권유를 많이 받았었다.

우선, 일선 회계감사실무현장에서 출발하여 'Big4'회계법인의 CEO에까지 이르렀고, KPMG해외법인근무와 외국기업고객들에 대한 서비스를 담당했을 뿐만 아니라, 회계감사업무 이외에 다양한 컨설팅 서비스도 제공해왔다. 또한 고객서비스업무 이외에도 회계법인의 리스크 관리 책임자(Risk Management Partner)와 조직 내부관리총괄대표(Chief Operating Officer) 등 온갖 직무들을 두루 경험했기 때문일 것이다.

그리고, 대우그룹 부실감사 사건의 소용돌이로 인하여 무너지는 회계법인이었기에 평상시와 달라져버린 파트너들의 모습과 제휴하고 있는 'Big4' International본부의 불신에 가득 찬 편견을 겪어야 하는 아픔이 있었다.

끝으로, 회계법인의 통합과정에서의 이질적인 문화충격을 극복하고, 10여 년 후엔 300명 규모의 회계법인을 2,800명의 성공적인 프로페셔널 서비스조직으로 발전시키는 데 주도적 역할을 했기 때문일 것이다.

현실감이 떨어져서 도저히 불가피한 경우를 제외하고 실제사례는 원칙적으로 익명으로 다루었다. 전문직업인들의 실무수행에 참고가 되도록 코칭(Coaching)하는 목적에 맞게 현장의 사례를 바탕으로 핵심메시지를 정성스럽게 정리하였으며, 혹시라도 특정인을 자랑하거나 비난하는 의도는 전혀 없었음을 이해해주시기 바란다.

이제, 나의 인생 1막 '프로회계사'의 커튼자락이 완전하게 내려온 것이다.

"여보! 미안해요. 현역 시절에 Work & Life Balance를 외면하고 살았으나 퇴임 후에는 책을 저술한다든가 더 이상 스트레스 받을 일은 하지 않겠노라고 약속했지요. 그러나 이 책을 끝내야 내가 인생 1막을 완전하게 마무리하는 것이 되니 이해해 주세요.
그리고 그동안 못 했던 얘기인데, 우리 가정이 따뜻하고 행복한 것은 모두 당신 덕분이라고 생각해요! 감사해요!"

"'응답하라 1998' 클럽 멤버들에게 이 책을 출간하면서 다시 한 번 감사말씀을 드립니다. 당시 소속 회계법인이 대우사태로 침몰하고 있던 상황에도 아랑곳하지 않고 한 사업본부 구성원으로서 일치단결하여 열정적으로 땀 흘려 일했던 자랑스러운 '프로회계사'의 모습들입니다. 잊을 수 없는 아름다운 추억입니다!"

특히 이번에 원고정리 단계에서 건설적인 비판과 제안을 해주신 오근형, 김광연, 신경철, 배정규, 천영삼 회계사님들 그리고 책을 쓰도록 용기를 보태주신 이장규 서강대학교 부총장님, 장한성 회계사 겸 작가, 이광렬·이효정 연구원님들께 감사인사 드린다.

추/천/사

• **진념** (전 경제부총리, 전 삼정KPMG 회장, 현 KDI 국제정책대학원 교수)

저자와는 삼정KPMG에서 10년을 넘게 함께 한 사이다.

항상 겸손하고 「프로」의식을 가지고 「리스크」 관리와 투명성을 강조하면서 기업의 지속가능 경영을 지원하느라 노력하던 모습이 지금도 생생하다.

지식경제로 진화하는 과정에서 기업의 건전성과 투명성 그리고 사회적 책임을 실현하여 나감에 있어서, 40년 가까이 회계사의 전문성과 열정으로 현장에서 노력해 오신 모범 전문 지식인으로 기억하고 있다.

이에 저자가 오랜 경험과 성찰을 바탕으로 회계사를 포함한 전문지식인들의 바람직한 자세를 제시하는 노력은 매우 뜻있는 일이라 하겠다. 특히, 요즘 여러 가지로 어려운 상황에서 고민하고 있는 우리 젊은이들이 미래의 꿈을 열어가는 데에 훌륭한 길잡이가 되리라고 믿는다.

우리 모두가 자기가 맡은 일을 살펴보고 프로로서 존경받는 선진화사회의 주역으로서 역할을 제대로 하고 있는지를 성찰하면서 이 책을 일독하실 것을 권한다.

바쁜 일과 중에도 불구하고 소중한 저서를 출간하시는 저자에게 축하와 격려 말씀 드린다.

• **김정태** (하나금융그룹 회장)

저자는 지난 37여 년 동안 일선 회계감사 실무현장에서 출발하여, 'Big4' 회계법인의 CEO까지 이른 대한민국 회계의 산 증인이다. 진정한 프로페셔널로서 외길을 걸어오신 저자의 살아있는 경험이 책으로 나오게 되어 정말 기쁜 마음이다.

오늘날 금융산업은 ICT 등 신기술과 융합하고 있고 고도의 창의력과 전문성을 바탕으로 한 각고의 노력이 있어야 비로소 고객 만족과 실물경제에 이바지할 수 있게 되었다. 저자가 강조하는 '프로의식'의 중요성이 더욱 커지는 이유다.

저자는 진정한 '프로회계사'로 오랜 시간 동안 끊임없이 전문성을 갈고 닦았으며 시장과 고객으로부터 프로페셔널답게 영업(Professional Selling)을 하는 모범을 보여주었다. 또한 후배들에게도 올바른 프로회계사의 길을 엄격하게 지도해 온 분이다.

이 책을 통해 전문직업인들뿐만 아니라 사회생활을 성공적으로 해내려는 모든 청년들이 좋은 지침을 얻을 것으로 기대한다. 꿈을 이루고자 하는 모든 이들에게 이 책을 추천한다.

• **서태식** (삼일회계법인 명예회장, 전 아태지역회계사연맹 회장, 전 한국공인회계사회 회장)

저자는 지난 37년간 '외길 회계사'를 천직으로 삼아 나와 같은 업계에서 활동해 왔습니다. 이 저서에서는 "Pro회계사"의 직업윤리와 전문성을 강조하고 있으며, 공인회계사 업계가 사회적 책무를 다할 수 있도록 사례 중심으로 독자에게 현장감이 있고 생동감 넘치는 메시지를 전달하고 있습니다.

본인이 삼일회계법인에서 공인회계사 수습과정에 있는 전문직 요원들에게 태권도 도장에 비유하며 강조한 말이 생각납니다. "태권도 도장에 입문하면 엄격한 규율이 있고, 선배로부터 배우고 사범으로부터 배운다. 삼일회계법인에도 마찬가지로 엄격한 규율이 있고, 선배로부터 배우고, 파트너로부터 배운다. 삼일에 입사한 것을 밥 벌어 먹으려고 취직한 것이라 생각하지 말라. 회계 전문가가 되기 위해서 회계사도장에 입문한 것으로 생각해라. 잘못이 있으면 파면이 아니라 '파문'을 시킬 것이다."라고 하면서 전문가가 되기 위한 엄격하면서도 겸손한 자세부터 강조했었습니다.

한국공인회계사회 회장재임 시절에는 수습공인회계사 연수 과정에서 제가 맡은 교육시간에 늦게 도착한 사람은 입실 시켜주지 않았습니다. 시간을 엄수하는 것부터 시작하여 회계전문가로서의 엄격성을 가르치려고 했었습니다. 그날 저의 강의 내용은 윤리성과 전문성의 수준을 더욱 높여서 사회적으로 존경 받도록 하라는 것을 당부하는 것이었습니다. 지금

바로 이 책이 평소에 제가 생각했던 엄격한 전문가적인 자세를 강조하고 있어서 대단히 기쁘게 생각합니다.

본서는 공인회계사 전문직의 발전을 위해서 업계와 후배들에게 남겨두어야 할 훌륭한 자산이라고 생각되어 저자에게 경의를 표하겠습니다.

본서는 공인회계사뿐만이 아니라 다른 여러 분야의 전문가들에게도 똑같이 적용되는 내용이라 생각됩니다. 리스크 관리와 전문가적인 영업 그리고 조직관리에 이르는 경영전반의 영역까지 다루고 있어서 회계법인이나 다른 전문가적 서비스에 종사하는 모든 기업의 임직원분들께도 일독을 권합니다.

• **임석식** (서울시립대학교 교수 겸 IFRS자문평의회 평의원, 전 한국회계기준원 원장)

내가 아는 필자는 출근길에 빽빽이 적어둔 하루의 일정표를 들여다보면서 행복감에 젖어 가슴을 설레던 분이었다. 궂은일이나 어려운 과제를 해결했을 때도 늘 처음처럼 즐거워했다. 아마도 전문가적인 능력뿐만 아니라 주인의식을 동시에 가진 프로페셔널로서의 성취감 때문이었을 것이다. 필자는 특히 업무수행에서는 항상 고객만족을 최우선으로 했을 뿐만 아니라 시장에서의 경쟁에서는 무서운 승부근성이 있었다.

이 저서에서 그의 전문가로서의 가치관과 프로정신 그리고 프로페셔널로서 37년간이란 세월의 내공을 느낄 수 있다. 또한 각 분야에서 활약하는 프로페셔널 한 사람 한 사람의 장래를 생각하고 염려하는 따뜻한 애정을 엿볼 수 있는 훌륭한 자기계발 서적이라고 생각한다. 회계법인의 고객서비스와 전문가적인 영업, 서비스 품질관리 그리고 경영전반에 걸쳐 다양한 경험과 전문가로서의 경륜을 가진 원로회계사로서, 업계의 발전을 위한 애정으로 수년간 애써서 정리하고 다듬어온 소중한 내용이다.

대학이나 회계업계 그리고 다른 컨설팅업계에서도 지금까지 사례중심의 현장감 있는 코칭(coaching) 서적은 없었다. 이 책은 공인회계사회 회원, 회계사 지망생과 회계학도뿐 아니라 이 시대를 살아가는 모든 직장인들을 위한 멘토(mentor)가 될 역저이다. 한 번쯤 진정한 프로로서의 자신을 돌이켜 보는 계기가 될 것으로 기대하면서 뜨거운 마음으로 일독을 권한다.

• **김두식** (법무법인 세종 대표변호사)

변호사로서 여러 해 전 회계사인 저자와 업무를 같이 하면서 저자의 프로다운 면모에 감명을 받은 바 있다. 빈틈없는 정통파 '프로 회계사'로서 고객을 상대하고, 후배 회계사들을 현장에서 지휘하고 코칭하며, 다른 직역의 비즈니스 파트너와도 잘 협업해 나가던 한 프로페셔널의 모습, 경험, 철학들이 이 저서에 농축되어 녹아 있다.

이 책은 저자의 수십 년간에 걸친 현장 경험과 사례를 바탕으로 하여 변호사를 포함한 모든 전문직업인들에게 참고가 될 수 있는 메시지들을 설득력 있게 전해주고 있다. 저자 자신 혹은 선후배들이 잘한 일과 잘못하거나 부족했던 부분들을 진솔하게 펼쳐내 보임으로써 우리 전문가들에 대한 필자의 뜨거운 소명의식을 느끼게 한다.

저자가 이 책에서 펼쳐 보인 진솔한 얘기들은 전문서비스업에 종사하는 모든 사람들이 자신을 돌아보고 진정한 프로로 성장하는 데 좋은 참고가 될 것으로 생각한다.

- **구본재** (글로벌 경영 컨설팅 회사 Oliver Wyman 한국대표)

지적 서비스 산업 영역에서도 융합의 시대가 오고 있다. 본인이 지난 20년간 몸담고 있는 컨설팅 분야에서 전략 컨설팅 업무를 성공적으로 수행하기 위해서는 기업 문화, 조직, 회계, 재무, IT 등과 같은 기업의 모든 영역에서의 경험과 지식이 필수적이 되었다. 특히 지적서비스를 제공하는 대표적 업종인 회계 서비스와 컨설팅 서비스를 보더라도 업의 본질에 대한 유사성, 성공적 운영모델을 창출하기 위한 노력 및 고객에게 서비스를 제공하는 업무 방식에 있어 아주 유사한 영역이 많다. 조직 문화, 파트너쉽의 정신, 프로페셔널의 업무 자세와 업무에 대한 열정, 고객에 대한 이해 및 고객우선주의 및 고도의 품질 관리 그리고 고객에 대한 영업 등이 그것이다.

필자는 프로회계사로서 오랜 세월에 걸쳐서 일선 실무현장에서부터 조직의 정상까지 그리고 횡적으로는 서비스생산과 새 상품 개발, 영업과 품질관리, 그리고 조직내부 경영 등 경험하지 않은 직무가 없다. 조직의 바닥과 구석구석의 문화를 빈틈없이 꿰차고 읽어낼 수 있는 경륜이 있다.

이 책은 프로페셔널이 현장에서 접하면서 관찰하고 경험하고 느꼈던 생생한 사례를 바탕으로 한 코칭 서적으로서 독자들에게 생생한 현장감은 물론 폭넓은 공감을 이끌어 낼 수 있을 것으로 생각된다. 이 책을 통해 고객과 시장에서 신뢰와 존경을 받는 프로페셔널이 어떠한 사람인지,

어떻게 업무를 수행하고 어떻게 일 처리를 하는지에 대한 프로페셔널의 진정한 'Role Model'을 찾을 수 있을 것이다.

　치열한 경쟁사회에서 자신감을 잃고 주눅 들어있는 젊은이들에게도 이 책이 도움이 될 것으로 기대한다.

목 차

PART 03　리스크(Risk) 관리가 돈을 버는 길이다

PART 04   고객이 신뢰하는 프로페셔널이 되고 싶다

PART 05   조직문화가 사업의 성패를 좌우한다

Professional

PART 01

직업적인 전문가, '프로'로 거듭나라

아, 고객회사의 감사조서(Audit Workpapers)!

KPMG LA Office의 회계감사 스태프(Staff)가 고속도로에서 교통사고를 당했다. 그 소식을 접한 감사책임 파트너(Partner, 파트너십 형태의 회계법인의 출자임원)의 첫 반응이 "그 친구 많이 다쳤나?"가 아니라 "감사조서(Audit Workpapers) 파일은 어떻게 됐나?"였다고 한다.

나는 회계제도 선진국인 미국의 국제적 회계법인 KPMG에서, 선진회계 감사기법 이외에도 프로(Professional, 직업적 전문가)의 정신자세에 관해서 많은 것을 배울 수 있었다. 그중 가장 인상적인 것이 '프로회계사'로서 고객의 정보를 목숨처럼 소중히 여긴다는 것이었다. 기업의 재무제표에 대한 회계감사 보고서상의 감사의견을 뒷받침하는 감사절차와 결론을 표시하고 있는 서류를 감사조서(Audit Workpapers)라고 한다. 감사조서에는 고객에 관한 소중한 정보와 자료가 있어서 더욱 철저하게 관리하게 되어 있는 것이다.

내가 겪은 하나의 에피소드를 소개하자면 다음과 같다.

1980년 가을, 나는 KPMG LA Office(구 Peat Marwick LA Office)에 근무 발령을 받고 회계감사인(Auditor)으로서 감사실무 연수에 들어갔다.

우선 자가용 승용차를 구입하는 것에서 LA 생활이 시작되는 법인지라, 시큐리티 퍼시픽 은행(Security Pacific Bank)의 5,000달러짜리 수표를 양복 재킷 속에 단단히 챙겨 넣고 며칠 전 계약금 일부만 지불하고 인수한 도요타 코롤라(Corola) 승용차의 잔금을 지불하고 퇴근할 참이었다.

양복 상의와 며칠 후 회계감사 하러 나갈 고객회사의 전년도 감사조서를 서류가방에 넣어 차 뒷좌석에 놓고, 초보 운전자가 조심스럽게 LA 고속도로를 달리고 있었다. 프리웨이(Freeway) 11번으로 가다가 110번으로 그리고 1번으로 등등…. 그런데 길을 잘못 들었음에 틀림없었다. 일단 가까운 출구 램프(Ramp)를 통해서 고속도로를 빠져나와 로컬(Local) 길로 나가서 사람들에게 길을 물어보기로 했다.

아뿔싸! 도로도, 길 가는 사람도, 건물도, 하늘도, 느낌이 전혀 다른 세상에 온 것 같았다. 나중에 알고 보니 그 동네가 바로 백인들이 피해 다니는 캠프턴(Campton City)이라는 곳이었는데, 세계적인 여자 테니스선수인 윌리엄스 자매의 고향으로 그녀들은 어릴 때 총알이 날아다니는 이 골목길에서 뛰어놀았다고 한다.

차에서 내려 골목길에서 놀고 있던 흑인소년들에게 길을 물어본 후 지도를 찬찬히 확인하고는, 다시 고속도로에 진입하여 불안한 가운데

앞만 보고 달렸다. 그런데 어쩐 일인지 차 뒷좌석이 텅 빈 느낌이 들어 살짝 뒤를 돌아보니, 감사조서가 들어 있는 서류가방이 온데간데없이 사라져 있었다. 양복 재킷과 함께….

당장 캠프턴의 그 골목길로 찾아가고 싶었지만 고속도로에서 유턴을 할 수도 없고, 그 골목길을 찾아가 본들 나 혼자서는 무슨 방책이 있을 것 같지도 않았다. 겨우 정신을 가다듬고 가던 길을 계속 달려갈 수밖에 없었다.

'알함브라 도요타(Alhambra Toyota)' 사무실에 도착하자마자 그 자동차 딜러에게 SOS. "A Negro must have got my money that I carried with me to pay for this car! Help me!"

급한 나머지 흑인을 두고 Black이라는 말보다 Negro란 말이 먼저 튀어나왔는데, 서투른 영어 탓에 지금도 얼굴이 화끈거린다. 이태리계 딜러의 도움을 받아 캠프턴으로 다시 돌아가 골목길을 살펴보았다. 때마침 동네 커피숍 주인인 흑인아저씨의 결정적인 협조를 얻어내, 골목 어귀의 시커먼 드럼통 안에 처박혀 있던 서류가방을 찾아냈다.

가방을 열어본 순간 아, 서류가방 속에 얌전하게 들어 있는 고객회사의 감사조서! "하느님, 감사합니다!"라는 말이 절로 나왔다.

그 다음으로 다시 정신을 차려보니 5,000달러짜리 은행수표 1장과 내 재킷까지 있었다. 당시 차량대금 5,000달러는 가난한 연수생 신분으로서 미국 체류 중 우리 4인 가족이 가진 거의 전 재산이었다.

이 정도면 중요한 건 대충 찾은 셈이다. 물론 현찰 몇 백 달러와 업무용 계산기 등은 없어졌지만 그 고객회사의 감사조서가 온전했으니 천만다행이었다.

한국이라는 작은 나라에서 온 시골뜨기가 고객의 감사조서철(Audit Workpapers File)을 갖고 다니다가 분실했다면, KPMG Korea의 체면이 어떻게 됐겠으며, 앞으로 18개월 동안 LA Office에서의 내 앞길 또한 험난할 것이 뻔했다. 그때만 해도 88올림픽 이전이어서 한국이라는 나라에 대한 이해가 부족했던 터라, 자칫하면 백인들 회사 안에서 나라 망신을 시킬 뻔한 것이다.

다가올 현장 감사에서 미국 친구들에게 지지 않고 잘한다는 칭찬을 들어보겠다고, 전년도 감사조서를 집에까지 갖고 가서 이른바 사전예습을 할 참이었는데, 오히려 완전 망칠 뻔했던 그때의 일을 떠올리면 지금도 아찔하다.

아, 감사조서(Audit Workpapers)! 철저한 보안을 유지해야 하는 고객회사의 감사조서 파일!

KPMG LA 연수기간 중 가족과 함께.

곁눈질하지 말고 한 우물을 열심히 파야 한다

2012년 10월 어느 날, 〈KBS 9시뉴스〉에서 과학 분야의 노벨상 수상 횟수가 일본은 15회, 한국은 0회라는 뉴스기사를 본 적이 있다.

순수 기초과학을 중시하는 일본은 국가에서 지원해 주는 과학 분야의 연구·개발 투자비가 한국보다 대략 4배 높았다. 이는 분야별 전문성을 인정해 주는 사회적 분위기와 기초과학을 중시하는 일본 특유의 학풍이 가져다준 결과이다. 일본 문부과학성 다나카 장관은 경기침체 장기화에도 불구하고 연구·개발 예산을 국내 총생산의 2% 이상을 유지한다는 원칙으로, 2010년에는 50억 엔(우리 돈 710억 원)을 지원하는 등 집중적인 연구비 투자가 이어져 일본의 과학기술이 세계 정상 수준으로 발돋움하게 되었다고 한다.

이와 더불어 KBS가 연구소와 대학 등에 있는 과학자들을 대상으로 "한국이 10년 내에 노벨상을 받을 가능성?"을 물어본 결과, '가능성 높다'는 17.6%에 불과했고 '낮다'는 53%로 나타났다. 사회 전반적인 전폭적 신뢰와 지원·응원이 부족하고, 직업의 안정성 부족이 가장 큰 고충이라는 결과가 나온 것이다.

무엇보다 중요한 것은 한 분야를 전문적으로 연구하고 개발하는 전문가에게 아낌없는 지원과 인정을 해주는 사회적인 분위기이다. 하지만 한국의 현실은 그 반대이다. 사회적 지위, 돈이 되는 직업을 위한 응용과학과 사회과학에만 쏠림 현상이 심각하고, 그 안에서도 철새처럼 이동이 변화무쌍하다. 이 때문에 한 분야에 뼈를 묻는 전문가들이 발전할 수 있는 토양이 부족한 실정이다.

나는 식당 테이블 옮기기 달인, 비빔밥 비비기 달인, 신문 정확하게 던지기 달인 등이 나오는 SBS의 〈생활의 달인〉이라는 프로를 즐겨 보았다. 수십 년간 한 분야에 종사하면서 열정과 노력으로 달인의 경지에 이른 사람들의 삶과 스토리는 언제나 감동 그 자체이기 때문이다.

그러나 아쉽게도 지금 우리 사회에는 소신을 가지고 한 분야에 몰두하는 사람보다는 온갖 유혹에 흔들린 나머지 갈팡질팡하는 사람이 더 많다.

우리에게 잘 알려진 연예인들만 봐도 알 수 있다. 자신이 가진 전문성을 접어두고 정치에 뛰어들어 국회의원 배지를 달았다가 다시 되돌아온 사람도 여럿 된다.

반면 드물긴 해도, 소신을 가지고 자신의 분야를 끝까지 지키는 사람들도 있다. 가수 N씨는 어느 정당에서 정치권으로 들어오라는 제의를 정중하게 거절하면서 다음과 같이 말했다고 한다. "내 히트곡 '물레방아 ○○○'을 우리나라에서 나보다 더 잘 부르는 사람이 있나? 난 내가 잘할 수 있는 가수를 계속하고 싶으니 그냥 내버려 둬라!" 그날 이후 나는 그 대중가요 가수를 직업적인 전문가의 긍지와 소신을 가진 예술인으로서 새롭게 인식하게 되었다.

또한 외길 51년의 김동건 아나운서와 〈전국 노래자랑〉 MC를 34년간 보면서 기네스북에 오른 송해 선생도 인생관이 뚜렷한 존경받는 프로(Professional, 직업적 전문가)의 좋은 예가 될 것 같다.

세계적인 베스트셀러 작가 말콤 글래드웰은 그의 저서 『아웃라이어』에서 매일 3시간씩 몰입해서 10년 동안 1만 시간을 채우면 성공한다는 법칙을 얘기하고 있다.

20세기 첼로의 거장 파블로 카잘스는 말했다. "나는 재능이라곤 눈곱만큼도 없고 적성에 맞지 않는 첼리스트였다. 하지만 아흔 살이 넘어서도 하루에 6시간 이상 연습했고, 사람들은 나를 첼로의 거장이라고 했다."

이렇듯 사회 각 분야에서 다양한 전문 직업인들이 최고의 전문가가 되겠다는 확고한 의지를 가지고 매진할 때 그 사회와 국가는 잘사는 나라, 그리고 선진사회가 되는 것이 아닐까?

각종 국가자격증을 가진 '○士' '○師'들뿐만 아니라 프로 운동선수, 정치인, 행정가, 예술가, 농민 그리고 어민과 생선을 다루는 주방기술자에 이르기까지 각자 자기 분야에서 세계에서 최고가 되면, 우리나라는 저절로 '작지만 강한 선진 대한민국(强小 先進國)'이 될 것이다.

한 우물만 열심히 파는 진정한 프로가 되기 위해서는 자신의 인생관·가치관·자질에 맞는 천직을 결정하고, 그때부터 자신의 일에 혼을 담아 정진 또 정진해야 한다.

우리나라 관료들의 전문성 부족을 지적할 때 "일본 외무성에는 수십 년 독도 문제만 파고드는 공무원이 있는데, 우리나라에서는 그런 전문가를 찾아볼 수 없다."는 얘기를 종종 듣게 된다. 우리 공무원 사회에도 이제 분야마다 최고의 전문가가 필요하며, 채용시험 제도와 인사관리 제도의 변혁이 필요하다는 주장이 확산되고 있다.

2015년의 메르스(MERS, '중동호흡기증후군'의 약칭) 사태를 겪으면서 우리나라 최고의 의료기관으로서의 명성이 무색해진 S병원. 어처구니없게도 사우디 여행에서 감염된 첫 번째 메르스 환자를 진료하는 순간, 중동에서 발발한 전염병일 가능성은 추호도 염려하지 않고 단순 감기로 진료를 하고 말았다는 언론보도가 있었다. 그러했다면 일류 전문가로서는 부끄러운 일이다.

그러나 경기도 고양시 명지병원 감염내과 이꽃실 교수 같은 프로의사는 국제교류가 빈번한 상황에서 사우디에서 창궐한 메르스가 곧 우리의 문제가 될 것이라고 예측하고, 이미 1년 전부터 완벽한 사전 대응체계를 갖추고 있었다. 이 덕분에 명지병원에 입원한 메르스 환자 5명 모두가 완치되었고, 의료진 감염도 일절 발생하지 않았다.

물이 끓는 온도는 100도다. 그러나 99도까지는 물의 성질이 변하지 않는다. 마지막 1도가 있어야 물이 끓고 성질이 변한다. 임계점(臨界點)에 도달하는 것이다.

프로와 아마추어의 차이도 바로 이 1도의 차이다. 고작 1도 차이일 뿐이지만 프로와 아마추어의 격차는 엄청나다. 마지막 남은 고지를 눈앞에 두고 포기하느냐 정복하느냐, 이것이 프로와 아마추어의 가장 큰 차이일 것이다.

당당히 임계점을 극복한 프로! 모든 분야에서 마지막 남은 1도를 극복하고 기존의 틀을 깨는 사고방식으로 우리 모두 진정한 프로가 되어야 한다.

넓이뛰기 발구름판에서 미끄러진
일류고교 진학의 꿈

나의 고교 입학시험은 1961년 12월경에 있었다. 5·16 군사혁명 이후 처음으로 실시한 고교 입학시험 제도인지라, 농어촌 출신 학생들을 최대한 배려한 혁신적인 시험제도였다. 필기시험을 쉽게 출제하여 변별력이 거의 없어지게 만들었을 뿐만 아니라 필기시험 비중도 줄였다. 대신 체육 실기점수가 합격 여부를 결정적으로 좌우하도록 했다.

여기서 나의 고교 체육 실기시험 얘기를 안 할 수가 없다. 누구든지 자신의 인생에서 터닝 포인트가 되어준 사건들이 있을 것이다. 내게는 이 체육 실기시험이 바로 그것이었다.

내가 지망했던 K고교의 합격 커트라인은 175점 만점에서 121점이었다. 나는 첫째 날 치러진 필기시험 총점 150점 중에서 평균점수를 훨씬 웃도는 105점을 받았다. 실기시험만 망치지 않으면 충분히 승산이 있었다.

시험 둘째 날은 체육 실기시험 만점 25점을 걸어놓고 하루 종일 실기시험을 보는 날이었다(수험생의 체육 실기점수 평균이 20점 수준이었음).

그런데 하필이면 그날 점심시간에 어느 학부형과 K고 선생님인 듯한 분의 대화를 우연히 엿듣게 되었다.

"선생님, 합격 커트라인은 몇 점 정도로 예상하시나요?"

"아마도 135점은 넘어야겠지요!"

역시 합격 커트라인 예상치에 관한 얘기였다. 그러나 나중에 보니 이들의 예상과는 달리 실제 합격 커트라인은 120점 선에 불과했다.

그 말을 듣는 순간 '아, 나는 체육 실기시험에서 만점을 받아도 안 되겠구나!' 하는 탄식과 함께 힘이 빠지기 시작했다. 철봉, 달리기 등 몇 가지 실기종목은 오전에 이미 마쳤기 때문에 평소 실력대로 무난히 끝냈지만, 오후에는 예상 커트라인 때문에 주눅이 든 상태에서 문제의 넓이뛰기 순서를 기다리고 있었다.

그때 마침 중학교 3년간 단짝 친구이자 등하교 길에 항상 붙어 다니던 Y라는 녀석이 내게 다가와 말했다.

"야, 이번 커트라인은 140점 이상이라는데 우리 점수로는 어렵겠다. 나는 체육실기 5가지 다 마쳤는데, 총 점수 25점 중에서 14점밖에 못 먹었다. 우리 같이 떨어지자!"

뭐? 같이 떨어지자고? 이렇게 절망적인 상황을 이번에는 친한 친구로부터 또다시 듣고 나니 '결정적인 충격'을 받을 수밖에. 다리가 후들거리고 사지에서 힘이 쫙 빠져나갔다.

순서가 되어 발구름판 위에서 넓이뛰기 자세를 취했는데, 이게 웬일인가? 제대로 뛰어보지도 못하고 빤질빤질하게 닳아버린 나무판자 위에서 그대로 미끄러지고 말았다. 한 번 미끄러지자 두 번 다시 시도할 엄두가 나지 않아 곧바로 포기해 버렸다.

그런데 나와 비슷한 상황인 수험생들 중 몇몇은 "선생님, 한 번만 더 할게요." 하고 다시 도전하여 평소실력을 발휘하는 승부근성 있는 녀석들도 있었지만, 이미 나는 모든 의욕을 상실한 상태여서 두 번 다시 시도해 보지도 않고 곧바로 포기해 버렸다. 잘못된 정보를 듣고 기가 죽어 눈앞에 다가온 실기시험에 최선을 다하지 않고 중도에 포기해 버리는, 평생을 두고 뼈에 사무치는 실수를 한 것이다.

결국 실격을 하여 1점을 얻는 데 그쳤다. 만약 한 번 더 뛰기만 했더라도 최소 3점은 얻어 무난히 합격했을 것이고, 그렇게 됐다면 과거 한동안 우리 사회에서 유리한 학연으로서 이름나 있던 K고교 출신이 되어 사회생활에 있어서 훨씬 수월했을 텐데….

그 후 나는 K고교 불합격이라는 사건보다는 '중도포기'라는 어리석은 행동을 평생 잊지 못하고 살았다. 그러나 이 부끄러운 '중도포기' 사건은 지금까지 평생을 살면서, 돌아가신 아버님을 포함하여 가족들은 물론 어느 누구에게도 입 밖에 내놓지 않았던 그야말로 '가슴속에 깊이 숨겨둔 비밀'이었다.

그 일을 겪은 후 나는 두 번 다시 쉽게 좌절하는 나약한 인간이 돼서는 안 되겠다는 생각을 깊이 새기며 3년간의 고교생활 동안 비장한 각오로 학업에 전념하였고, 의지와 투지가 하늘을 찌르는 전혀 다른 사람이 되어 있었다.

내가 불합격했던 K고교 친구들과의 대학입시 경쟁에서는 반드시 이겨야겠다는 일념으로 그야말로 공부벌레가 되어서 전교 1등만 하고, 학교에서 주는 상을 독차지했다.

세월이 흘러 어느덧 대학 입학시험 시즌이 다가왔고 선망의 S대학 응시원서도 접수하였다. 그러나 나는 때마침 아버님의 사업실패로 어려워진 집안형편 때문에 S대학 시험보다 한 달 정도 먼저 실시한, 대구에 소재한 Y대학 '등록금 전면 장학생' 시험에 응시하게 되고 Y대학의 학생이 될 수밖에 없었다.

장학생 시험을 특차로 치르고 입학했지만, 입학식 이후부터는 Y대 학생 중 한 명일 따름이라는 것을 인식하고 '전면 장학생'으로 같이 합격한 사람들 중 상당수가 1년간 재수하여 S대학으로 옮겨 갔다. 그러나 적어도 나는 그들과 같은 코스를 따르기는 싫었다. 내가 선택한 것이 실수였음을 자인하기 싫었고, 내 이름을 기억하고 있는 고교 은사님과 고교 동기 및 후배들에게 한 해라도 빨리 내 선택이 옳았으며 이유 있는 결정이었음을 보여주고 싶었다.

마침 공인회계사 시험은 상과대학 2년만 수료하고 나면 응시할 수 있었기 때문에, S대학 입학을 위한 재수의 길 대신에 공인회계사(Certified Public Accountant, CPA) 시험을 목표로 하게 되었다.

CPA 시험은 4학년 봄에 합격했는데, 당시 전국에서 24명 합격자 중 지방대학인 Y대학에서 5명(대부분이 '전면 장학생'으로 입학했던 동기생들이었음)이 합격하는 큰 이변이 발생했다.

전화위복(轉禍爲福)이라고 했던가! 내가 학교생활뿐만 아니라 그 후 사회생활에서도 남보다 한발 앞서는 부분이 있었다면 고교 체육 실기시험에서의 발구름판 사건이 도움이 된 것이다. "절대 중간에 손드는 법이 없다"는 '독일병정'이란 별명도 얻었다. 전망이 어둡고 불확실하더라도 포기하지 않고 마지막 순간까지 최선을 다하는 승부근성을 가지게 된 것이다.

사실상 나의 일생에서 학교 입학시험을 제외하고는 K사·S은행을 위시한 각종 취직 시험과 사회에 나와서 치른 공인감정사 시험, 해외연수 테스트, 각종 영업활동에서의 경쟁이나 소속 조직 내에서의 경쟁 등 일생에서 겪어온 많은 시험대 위에서 성공적이었던 것 같다.

'경영의 신'으로 불린 일본의 전설적인 기업인 마쓰시타 고노스케는 자신의 인생승리 비결을 가난한 집안에서 태어난 '덕분에', 학교를 제대로 마치지 못했던 '덕분에'라고 고백했다. 나는 학창시절에 겪은 입학시험에서 쓰디쓴 경험을 한 '덕분에' 큰 교훈을 얻어서, 나름대로 성공한

'프로회계사'가 될 수 있었다고 생각한다.

2013 혼다 LPGA 타일랜드 대회에서 2월 24일 마지막 날 마지막 홀에서, 아리야 주타누간 선수가 트리플 보기로 무너지면서 대반전이 일어나 우리나라의 박인비 선수가 우승을 차지했다. 전날까지 선두와 4타 차이로 5위에 머물러 있던 박인비 선수. 더욱이 마지막 날 17번 홀까지 2타를 뒤지고 있어서 태국 국민들의 열렬한 응원을 받으며 앞서가고 있던 아리야 주타누간 선수에게 패배할 것이 거의 확실한 상황이었으나, 마지막 홀에서 대반전이 일어난 것이다.

이 마지막 날의 대반전을 보면서 많은 골퍼들이 골프는 역시 '각본 없는 드라마'라고들 했다.

나는 인생이야말로 '각본 없는 드라마'라고 생각하며, 누구든지 끝까지 포기하지 않고 자신이 할 수 있는 최선을 다한다면 반드시 좋은 결과로 이어질 것이라고 믿는다.

진인사대천명(盡人事待天命)! 내가 할 수 있는 최선을 다하고 하늘의 뜻을 기다려야 한다.

처음부터 자신감이 없는 자, 주눅 들은 자들은 희망이 없다! 필승의 의지가 없는 자는 필패한다!

우리의 잠재의식은 실패를 생각하는 사람은 실패하게 만들고, 성공을 생각하는 사람은 성공하게 만든다.

나는 '프로회계사'가 천직인가?

1959년 겨울 내가 중학교 1학년 겨울방학 기간에 영어 학원을 다닐 때였다. 집으로 돌아오던 길에 시장골목 어귀에서 1백만 원 돈뭉치 한 다발을 주웠다. 당시 이 정도 금액이면 신혼살림 집의 전세금 정도가 될 수 있는 거액이었다. 재래시장에서 한 푼 두 푼 아끼는 상인들 중 누군가가 떨어뜨리고 간 것임에 틀림없었다.

근처 파출소에 신고하고 주인을 찾아달라면서 놓고 나왔는데, 자유당 말기에 관료사회가 부패하였기 때문인지 그 후 감감 무소식이었다. 그때는 학교에서 매주 월요일에 실시하는 조회시간에 착한 일을 한 학생들에게 상을 주곤 했다. 그런데 기다리고 기다려도 호명을 하지 않아서 어린 마음에 꽤 서운해했던 일이 있다. 지금도 그 일이 생각날 때면 가끔 혼자서 웃는다. 나는 선생님과 부모님 말씀을 한 치도 벗어나지 않았으며 칭찬받고 싶어 하는 영락없는 '모범생' 타입이었나 보다.

1991년, 어느 종합 무역상사의 미국 현지법인에 출장을 갔다. 14시간을 비행기에서 보내고 뉴욕 공항에 새벽에 도착해서 그 회사의 뉴저지 사무실로 직행했다. 오랜 비행시간으로 몸은 고단했으나 나는 도착하자마자 사전에 요청해 둔 회계감사 자료들을 놓고 씨름하기 시작했다.

나에게는 출장기간 중 고객에게 업무수행상 소비한 시간에 따라 시간당 수수료를 청구하는 소위 'Time Charge'(회계 선진국에서 정착되어 왔던 프로페셔널의 수수료 청구 방식임)를 하는 '프로회계사'(Professional + 공인회계사: 특정 기업과 고용관계에 있지 않고 독립적인 지위에서 활동하는 프로정신에 충실한 회계전문가들을 이렇게 호칭하고 싶다)로서의 책임감과 전문 직업인의 긍지가 있었기에, 출장기간 중에 성실하게 업무에 열중했다. 그 당시 대부분의 선배 회계사들이 해외출장만 가면 주로 관광이나 골프 하는 데 열중하는 폐습을 따르지 않고, 제대로 된 '프로회계사'의 자세를 고객회사에게 보여주고 싶었다.

KPMG USA에서 'Korean Practice'(한국기업 고객을 담당하는 부서)를 총괄 책임지고 있던 S대표 파트너(Partner, 파트너십의 출자임원)가 회계 선진국에서는 '프로회계사'의 기본업무 자세에 불과한 나의 이러한 모습을 보고는, 자기가 보아온 대부분의 한국 회계사들이 미국 출장을 오면 시차 적응을 핑계로 도착한 첫날부터 골프 라운딩부터 하고 보는데, 나는 그런 회계사들과는 다르다며 감탄을 했다.

그 후 그분은 해마다 몇 차례씩 한국 고객의 본사 방문차 한국에 오실 때마다, 그 당시 내가 몸담고 있던 회계법인의 CEO 등의 경영층과 한국의 고객사 CEO들 앞에서 이 일을 들먹이며 나를 칭찬해 주셨다.

가슴 설레며

나는 지금까지 회계사라는 직업을 천직(天職)으로 생각하며, 자긍심과 긍지를 가지고 37년을 외길인생으로 달려왔다.

하루하루 할 일을 수첩의 일정표(To-Do-List)에 기록하고 아침에 설레는 마음으로 출근을 했다. 할 일은 스스로 찾아서 정하고 계획했으며, 빠짐없이 실천하고자 했다. 열정과 주인의식을 가지고 오늘 할 일을 생각하면 항상 가슴이 설렜다.

회계사 업계의 동료·후배들에게 '프로회계사'로서 좋은 롤모델이 되겠다는 꿈을 가지고 살았으며, 내가 소속되어 있는 회계법인의 동료·후배들에게 한 사람의 프로페셔널(Professional, 직업적 전문가)로서 귀감이 되고 싶었다. 한마디로 즐겁게 일을 했기에 힘들지 않았고, 뒤따르는 성취감에 행복을 느끼면서 살았다.

회계법인(이후 '법인')의 상당한 상위 직급의 파트너(출자임원)가 되고 난 후에는 법인에서 제공한 승용차와 기사가 있었기에, 퇴근길에 녹초

일정표(To-Do-List)

가 될 만큼 늦게까지 야근해야 정상이라고 생각했던 것일까? 아무튼 나 때문에 내 기사와 비서는 늘 고생이 남달랐던 것이 사실이다.

미국 하버드대 심리학 강사인 탈 벤 샤하르의 글이다.

"일하는 것을 고통과 참아야 할 괴로움으로 여기는 사람들은 커다란 성취를 이뤄내지 못한다. 인류 역사를 통틀어 위대한 업적을 남긴 사람들은 모두 자신이 하는 일에서 커다란 즐거움과 사명감과 의미를 찾은 사람들이다. 보다 많은 연봉이나 보다 높은 지위에 오르기 위해서 자신이 하는 일을 '참으면서' 하는 사람이 위대한 업적을 남긴 예는 없다."

나 또한 한 사람의 '프로회계사'로서 즐겁게 일하면서, 늘 사명감을 가지고 내가 맡은 일에 최선을 다했다. 억지로 성공을 추구한다고 해서 성공이 따라오는 것은 아닐 것이다. 행복도 마찬가지이다. 나보다는 고객을 위해, 회사를 위해, 더 나아가서는 사회의 발전을 위해 내게 주어진 소명을 충실히 해나간다면, 자연스럽게 따라오는 것이 행복이요 성공일 것이다.

모든 에너지를 한곳으로

1990년대 초였던 것 같다. 나도 주식투자를 해본답시고 보너스 받은 돈으로 D증권(주) 주식을 조금 샀다. 그 후 수개월간 주식시세표 한번 들여다볼 겨를 없이 하루하루 정신없이 회사 일에만 몰입했다. 세월이 한참 흐른 어느 날, 우연히 신문을 뒤적이다가 주식시세표를 들여다보게 되었다.

그런데 이게 어찌 된 일인가? 아예 D증권(주)이란 회사가 없어진 게 아닌가! 증권회사 창구에 가서 물었더니 직원은 어이가 없다면서 웃기만 했다. 그 사이 D증권(주)는 B증권(주)에 흡수·소멸되어 있었고, B증권(주)마저도 상황이 어려워져서 주당 4만 원대였던 주식이 15,000원이 되어 있었다. 그날 이후 나는 고객을 위해 항상 긴장하면서 연구하고 좋은 품질의 전문가적 서비스를 제때에 제공해야 하는 '프로회계사'로 일하는 동안에는, 주식투자만큼은 안 하기로 결심했다. "송충이는 솔잎을 먹고 살아야 한다."는 속담을 되뇌면서….

IMF 유동성 위기를 겪으면서 우리나라는 1998년에 사외이사 제도를 도입하고 "자산 1천억 이상 상장사는 이사 총수 1/4 이상으로 최소 1명, 자산 2조 이상 법인은 과반수로 3명 이상의 사외이사"를 두게 되어 있다. (상법 542의 8조)

2015년 8월 자료에 의하면 사외이사를 두게 되어 있는 회사는 유가증권 상장사 764개, 코스닥 상장사 1,098개에 이른다.

실제로 사외이사가 하는 일을 보면 몇 개월에 한 번씩 이들 상장사의 이사회에 참석하는 정도에 불과하여, 시간상으로는 큰 부담이 되지 않으면서도 상당한 부수입을 올릴 수 있었던 것이 사실이었다. 이 때문에 과거에는 회계사 업계의 많은 중진 회계사들이 소속 회계법인의 업무 이외에 사외이사로 겸임하여 활동하고 있었다.

그러나 나는 현역 파트너로 있는 동안 사외이사 자리를 한 번도 추구해 보지 않았다. 회계사로서의 본업에 몰입(Immersion)하여 전문성을 잃지 않고 직업적인 전문가로서 더욱 충실해지고 싶었던 것이다. 소속 회계법인에서 사명감과 주인의식을 가진 한 사람의 파트너로서 스스로 계획한 의욕적인 일들을 처리하기 위하여 내가 가진 모든 역량과 모든 시간을 투입해도, 나의 일정표 상에서의 '할 일'들을 다 못하고 아쉬워하면서 밤늦게 퇴근하는 실정이었기 때문이다.

자신이 갖고 있는 모든 에너지를 한곳으로 모으는 것이야말로 모든 직업적인 전문가(Professional)들의 자세라 할 수 있을 것이다.

우리 사회도 많이 변했다

　나의 모교인 대륜고 재경동창회에서는 매년 사회 각 분야에서 모교의 이름을 빛낸 동창회원을 선발하여 '자랑스러운 대륜인상'을 수여해 오고 있다. 수상자들은 큰 보람을, 소속 동창회원들은 모교 출신으로서의 긍지를 느낄 수 있는 좋은 행사라고 생각했다. 다만 한 가지 아쉬운 것은 지난 30여 년간 역대 수상자들의 면면을 살펴볼 때 국회의원, 장관, 장군, 대법관, 검사장 등 소위 고위공직자들만 '자랑스러운 대륜인'에 선정됐다는 사실이다.

　그런데 세상 참 많이 변했다! 이제 우리나라도 다양한 분야별 전문가들이 존중받을 수 있는 시대가 오는가 보다. 뜻밖에도 삼성그룹사의 CEO, 대학교수, 예술인 같은 민간인들도 대상이 되었다. 우리 사회가 산업화시대를 거쳐 정보화시대로 발전하고 다원화되어 가고 있음을 엿볼 수 있다.

　몇 년 전에는 내가 영광스럽게도 이 상을 수상하게 되었는데, 모교 동창들로부터 한 사람의 직업적인 전문가로서 '자랑스럽다'는 평가를 받았다는 점에서 특별한 의미를 느낄 수 있었다. 또한 정치가나 관료가 아닌 일반인 직업군에서 '자랑스러운 대륜인'으로 뽑힌 것이, 우리 사회와 함께 모교 동창회도 변화하고 발전하고 있다는 느낌이어서 더욱 반가웠다.

시상식은 2012년 5월 서울 팔래스 호텔 그랜드볼룸에서 개최되었다. 당시 정·재계 주요 인사들을 비롯하여 재경 동창회원 150여 명과 모교 교장·교감선생님이 참석한 자리에서 내가 발표했던 수상소감이다.

"안녕하십니까? 대륜고 14회 OOO입니다. 저는 지난 9년간 J회계법인의 대표이사를 역임하고 이제 후배들의 경영에 자문을 해주고 있습니다.

여기 계시는 선배, 동기, 후배님들 모두가 '자랑스러운 대륜인'인데, 제가 이렇게 혼자 나와 상을 받는 것이 송구스럽습니다. 공인회계사(Certified Public Accountant, CPA)라는 직업적인 전문분야에서 경제부총리상 등 이런저런 수상 경험이 있었습니다. 그러나 동문 여러분께서 주신 이 '자랑스러운 대륜인상'이 저에게는 특별한 의미가 있는 상입니다.

사실 저는 1977년(당시 30세) 우리나라의 회계와 감사제도가 후진국 상황이었을 때, CPA로서의 야망을 가지고 투신했습니다. 회계 선진국인 미국 등지에서 업무 연수도 하였습니다. CPA 외길 35년간 CPA라는 직업적 전문가로서의 전문지식·직업윤리·업무수행 원칙·방법 등 모든 면에서 참되고 바르고 본받을 만한 '프로회계사'의 모습을 보여주려고 일관되게 노력해 왔습니다.

또한 제가 J회계법인의 대표로 있으면서 국제적인 회계·컨설팅 업체인 소위 'Big4' 중의 하나와 업무제휴를 하고 국내에서 최상의 회계법인으로 성장·발전시키는 데 전력을 다하였습니다.

그 결과 J회계법인은 2000년 당시 350명 상당의 규모에서, 2008년에는 약 2,800명 및 3,500억 원 용역 수입을 이뤄내 업계의 주목을 받아오고 있습니다. 회계 컨설팅 업계에서 이러한 실적을 달성함에 있어서 시장과 고객을 놓고 벌어지는 치열한 경쟁에서 학연, 지연, 혈연을 앞세운 인맥(人脈) 경쟁에서 어려움도 많았습니다.

그러나 자신 있게 말씀드리고 싶은 것은 저는 자랑스러운 대륜고의 패기와 긍지를 잃지 않고 전문가로서의 실력을 앞세운 경쟁, 그리고 인간적·전문가적인 신뢰로써 경쟁했습니다.

앞으로 저에게 남은 기간에도 저희 CPA업계 약 17,000명 회원, 그리고 작게는 제가 몸담고 있는 이 회사의 후진들에게, 직업적인 전문가로서의 자랑스러운 모습을 지켜나가도록 노력하겠습니다.

그리고 '자랑스러운 대륜인' 여러분께도 계속하여 자랑스러운 동문으로 남을 수 있도록 힘쓰겠습니다. 감사합니다."

'자랑스런 대륜인상' 수상 기념.

'자랑스런 대륜인상' 상패.

프로란 어떤 사람들인가?

프로(Professional, 직업적 전문가)가 되자. 일류가 되자. 그래야 경쟁사회에서 살아남는다.

그렇다면 어떤 사람들이 '프로'일까? 미국 MLB 야구선수, K-Pop 가수, 프로 축구선수 등과 '士' 혹은 '師'자가 호칭 끝에 붙은 사람들만 프로일까? 프로로서의 열정과 긍지를 가지고 다양한 분야에서 자기 일에 몰입하여 천직으로 감사해 하고 행복해 하며 열심히 또 열심히 정진해 나가는 모든 직업인들이 프로가 아닐까?

다음은 ○○주식회사 박 사장의 신입사원 특강 내용의 일부를 발췌한 것이다.

"회사에 입사하게 되면 그날부터 직업세계로 들어오는 거예요.
직업이라는 게 프로페셔널입니다. 회사에 들어오면 '프로'란 말입니다.

회사에 입사한 사람들이 자기가 '프로'인지 '아마'인지 구분하지 못하고 착각하고 있어요.

프로. 프로에 들어온 것입니다. 아마 7단을 떠나서 프로로 들어온 거예요, 지금. 자기가 월급을 받으러 들어왔는데 자기는 아직도 아마로 생각하는 겁니다.

아마가 돈 받나요? 아마는 돈 안 받고 자기가 돈 내고 자기 취미를 즐기는 겁니다.

아마 바둑 두는 사람은 기원에 가서 돈 내고 즐기는 거고, 프로는 돈 받고 바둑을 두는 겁니다.

운동도 마찬가지. 아마추어는 골프 칠 때 돈 내고 치는 거고, 박세리는 돈 받고 치는 거예요.

여러분들, 회사에 돈 내고 왔나요? 아니지요?

일 좀 가르쳐 달라고 회사에 돈 내고 들어온 사람들이 아니고, 돈 받고 회사를 다니는 사람들입니다.

즉 여러분들은 아마추어가 아니고 프로입니다. 프로라는 것은 일류를 지향해야 합니다.

이류라는 것은 자기 인생을 자기가 결정할 수가 없지요. 이류는 자기 인생을 남이 결정하는 겁니다.

일류가 되기는 어렵고, 설사 될 수 없을지 몰라도 되려고 노력해야 합니다.

자기 인생을 자기가 결정하는 사람이 되는 것이 우리의 소망 아니겠어요?

왜 남이 결정하는 대로 살아야 합니까? 그러나 일류로 산다는 것은 결코 쉬운 일이 아닙니다.

여러분! 우리는 프로입니다.

프로답게, 자기능력과 전문성을 갈고 닦아 일류(一流)가 되십시오."

'프로(Professional)'의 사전적 의미는 "어떤 일을 전문으로 하거나 그런 지식이나 기술을 가진 사람 또는 직업 선수"이다. 따라서 전문적이고 직업적인 성격인 것은 분명하다. 프로는 프로 근성과 일등 정신을 가지고 끈질긴 투지와 열정으로 무장한 채, 자기 이름을 걸고 자신의 일을 해나가는 직업적인 전문가나 직업선수를 의미한다.

프로 야구선수들이나 〈나가수〉 프로그램에서의 가수들이 경쟁을 통해 정정당당하게 승부를 겨루고, 승자와 패자 모두 결과에 깨끗이 승복하는 멋지면서도 한편으로는 냉엄한 세계를 보다 보면, 프로 세계를 실감할 수 있다.

프로라고 해서 매번 승자가 되는 것은 아니다.

1990년대 초에 무너진 성수대교는 시공사인 D건설(주)뿐만 아니라, 건축 기술자인 성수대교 현장소장으로서는 건축공사 역사에 남는 불명예스러운 작품을 남긴 것이다.

의사들도 알려진 의료사고 이외에 세상에 드러나지 않은 크고 작은 의료사고가 많을 것이다.

회계사는 기업의 회계 투명성을 높이고 재무 정보의 신뢰성을 제고해야 하는 회계 감사인의 역할을 잘못한 감사 실패 사례들이 있다.

변호사는 어떨지? 신용평가사는? 한국수력 원자력 발전소(한수원)에 납품하는 기자재의 심사평가 전문기관이나, 한수원에서 평생 원자력 발전소의 주요 부품의 구매 업무를 담당하고 있는 일류대학 공대 출신 기술자는?

　진정한 프로의 힘은 역경을 만났을 때 발휘된다. 고개 젓거나 포기하는 대신 어떠한 난관에도 굴하지 않겠다는 프로 근성으로 당면한 문제들을 하나씩 해결해 나가는 것, 그것이 진정한 프로이다.

　우리 모두가 자존감과 행복감을 가지고 세상에서 그 일에 관해서는 가장 잘할 수 있는 전문가가 되기 위해 혼신의 힘을 기울인다면, 그리고 그런 전문가들을 우리 사회가 존중해 준다면, 우리 사회는 선진사회 그리고 한걸음 더 나아가 행복한 나라가 될 수 있지 않을까!

프로의 책임의식과 직업윤리

공인회계사의 직업윤리와 책임의식은 '프로회계사'로서는 한 치도 물러설 수 없는 생명선과 같은 것이다. 직업윤리 의식이 투철한 공인회계사가 사회가 요구하는 기능을 제대로 수행하여야 회계사 제도의 취지에 부합하는 것이고 자본주의 시장경제 시스템의 발전에 기여할 수 있는 것이다.

직업적인 전문가로서 정직하고 성실하게 업무를 수행해도 인간으로서의 크고 작은 과실이 발생하고 있고 심지어는 직업윤리에 반하는 부정한 행위를 범하는 사례가 발생하기도 하여 안타깝다.

최근에는 감사대상 기업의 미공개 정보를 이용해 주식을 거래하고 부당이득을 챙긴 회계사가 검찰에 고발조치를 당하기도 했다.

히포크라테스 선서나 나이팅게일 선서를 들먹이지 않더라도, 의사는 환자를 진료함에 있어서 전문가적인 긍지와 자존감이란 관점에서 봤을 때 한 점 부끄러움이 없어야 한다.

현재 우리나라의 의료보험을 포함한 의료 시스템에 문제가 있어 현실적인 고충이 많다고 하지만, 의사라는 프로(Professional, 직업적 전문가) 직업인으로서는 아쉬운 점이 많아 보인다. 인명을 다루는 의사의 책임은 엄중하다. 진료 행위에 있어서의 작은 실수가 환자의 일생에 미치는 영향은 끔찍한 경우가 많다.

메르스(MERS, '중동호흡기증후군'의 약칭) 사태로 사회 전체가 불안에 떨었던 일이 있다. 2015년 5월 20일 첫 환자가 나온 지 69일 만에 메르스 사태로 36명이 죽고 186명이 확진 판정을 받았으며 6,729명이 격리 조치됐다. 이를 계기로 우리나라의 허술한 방역체계와 전문성 부족, 후진적인 병실·간병 문화, 감염병 치료 인프라와 전문인력 부족 같은 문제점이 드러났다.

지인 중 한 명이 무좀 치료를 위해 동네의원에 가서 치료를 받았다. 그런데 의사가 습진으로 잘못 알고 치료하는 바람에 차도가 없었다. 그는 다시 강남 S병원 피부과의 전문의를 찾아가서 약 1년간 치료를 받았다. 의사 처방과 지시를 하나님 말씀으로 생각하고 열심히 따랐는데, S병원 의사가 그만 중대한 실수를 하고 말았다.

그는 B형 간염 보균자였으나 '비활동성'인 상태라서 생활에는 아무 불편함이 없었다. 그런데 의사가 무좀약을 처방할 때는 매월 한 번씩 혈액검사를 통해 복용량을 줄이거나, 일시 중단하는 등의 조정을 하게 되어 있다고 한다. 그는 B형 간염 보균자임에도 불구하고 수개월간 혈액검사 한 번 하지도 않고 무좀약을 계속 복용해 왔던 것이다. 환자가 피곤하다고 호소하자 비로소 실시한 혈액검사에서 GOT, GPT 및 DNA 수치가 급상승한 것을 알고 그 의사도 당황한 것이다. 멀쩡한 사람을 '활동성' B형 간염 환자로 만들어 버린 것. 그 사람은 안타깝게도 무좀 고치려다가 심각한 만성간염환자가 되어 평생 병원신세를 지게 된 것이다.

의사로서의 엄중한 책임의식과 직업윤리가 아쉬운 대목이다.

2014년의 세월호 참사 경우도 마찬가지이다. 어린 학생들을 포함한 수많은 인명 피해를 당했는데 세월호 선장과 선원들의 행위는, 책임과 윤리에 기반한 직업의식보다는 오직 자신의 생존과 사욕에만 눈이 어두운 부끄럽기 짝이 없는 일이었다.

성숙한 민주사회 시민으로서 요구되는 사회적 책임의식과 공동체 의식을 정부, 학교, 기업과 공공기관에서 논의하고 교육해 나가야 한다.

참된 프로가 존중받는 사회를 꿈꾸면서 각자 자신이 맡은 일에 대한 책임감과 직업윤리 의식을 가지고 보람찬 삶을 살아 나갈 때, 비로소 이 땅에서 우리가 진정한 선진사회를 맞이하게 될 것이다.

열정이 돈으로 향하면
'프로회계사'는 위험하다

출근하는 나를 위해 아내가 문 앞에서 하이파이브를 하며 환하게 웃
어주었다. 단 둘이 사는 아파트의 신혼부부인 줄로 착각하겠네!

사무실로 향하는 차 안에서는 아들로부터 문자메시지를 받았다. 나
도 바로 답 문자를 보내주었다.

"오늘은 조금 포근한 날씨예요.

맛난 점심 하시고 즐거운 하루 보내세요. ^^

지환이 낮은 포복 올림픽 금메달 선수예요. ㅋㅋ

높은 포복은 가끔 어설프게 해요.

그리고 오늘 오후부터 미세먼지, 중국황사 심해진대요. 가능하면 장
시간 외출 삼가라네용."

"정말 오늘 미세먼지 경고! 수민이에게도 당부하여라~

땡큐우♡♡♡"

노총각이던 아들 녀석이 며느리 수민이를 만나 장가가서, 이제 겨우 7개월 된 자기 아들 지환이의 크는 모습을 좀 과장해서 자랑하고 있다. 오늘은 아침부터 새삼스럽게 행복한 나 자신을 발견하고, 몸담고 있는 회계법인(이후 '법인')과 내 고객에게 더욱더 절실하게 감사를 드리고 싶다.

내가 '법인'의 대표이사로 있을 때, 해마다 열린 신입 회계사 오리엔테이션 행사에서 말했다. 열정이 돈으로 향하지 않고 프로(Professional, 직업적 전문가)로서의 자존감을 지켜 나가면 여러분은 틀림없이 행복해질 수 있을 것이라고. 또다시 후배 회계사들 앞에 서게 된다 해도 똑같은 얘기를 해줄 것이다.

"여러분들은 왜 우리 법인에 입사를 희망하셨습니까? 돈을 크게 벌려면 다른 곳을 찾아가야 합니다. 산업현장으로 뛰어다니든지 동대문 시장에서 뛰어야 하지 않겠습니까?

우리 법인의 임직원들은 '회계와 경영 컨설팅 분야에서 직업적인 전문가로서 고객과 시장에서 존경받는 것이 궁극의 목표이다. 그리고 가장 큰 영광이다.'라고 생각하는 사람들입니다. 가계비와 자녀들 교육비 지원에만 문제가 없다면 재물에 관한 한 만족하는 사람들입니다.

여기서 정말 중요한 사실은 우리 법인에서 여러분이 열과 성을 다해서 노력을 할 때, 여러분은 반드시 이 법인의 파트너로서 이 '법인'의 주인이 되는 것입니다. 따라서 여러분은 보람된 일터를 제대로 잘 찾아온 것입니다."

신입 회계사들에게 이런 얘기를 했던 것은, 그동안 내가 현장을 뛰어다니며 실제로 보고 듣고 경험한 일들을 바탕으로 한 것이다.

우리나라가 IMF 유동성 위기상황에 처해 있을 때, B자동차(주)는 2,000억 원 상당의 계열사 채무탕감을 위해 A회계법인의 어떤 회계사에게 도움을 요청했다. 그는 금융기관과 금융당국에 'B자동차(주) 채무탕감을 위한 로비'를 했다는 혐의를 받았으며, 2001년과 2002년에 B자동차(주)로부터 총 41억 원을 받고 특가법상 알선수재 혐의로 구속된 사건이 있었다.

그 회계사는 명석한 두뇌를 가지고 일류 고교와 대학교를 졸업하고 미국 유학까지 마친 인재라고 알려져 있었다. '프로회계사'로서 본업에 충실하지 않고 일확천금을 탐했던 것으로 보이는데, 검찰의 혐의가 사실이라면 안타깝기 짝이 없는 일이다. 지나친 욕심과 자신감이 독이 된 것이 아닐까?

우리 사회에는 교수, 예술가, 공무원, 법조인, 국회의원, 의사 등의 각종 전문 직종과 운전기사, 주방장, 운동선수 등등의 다양한 직업이 존재한다. 이들 각자가 맡은 일들에 몰입(沒入)하여 자기 분야에서 뛰어난 전문가가 되는 것을 보람과 행복으로 여길 때, 우리 사회도 비로소 선진

사회가 될 수 있을 것이다.

그러나 수년 전 화재로 소실된 숭례문의 경우, 지난해 복구 작업을 마쳤으나 문화재 복원공사가 부실했다는 지적을 받고 있다. 일부 인간 문화재들이 자신들의 존재 이유를 인식하지 못하고 재물을 탐하여, 여러 형태의 도덕적 해이를 노출하고 있다는 얘기다.

전통문화 경연대회 심사를 맡으며 금품을 주고받는가 하면, 국보나 보물을 수리하는 공사에 이름을 빌려주고 돈을 받는 일도 벌어지고 있다.

IT 전문가가 직업적인 전문가로서의 자존감과 자긍심이 결여되면, 일확천금을 위해 IT 보안시스템을 뚫고 들어가는 컴퓨터 해커(Hacker)가 될지도 모른다.

프로들의 전문성과 열정이 돈으로 향하게 되면 자신도 불행해지고 사회에 큰 폐해를 끼치게 되는 것이다.

전문가(Professional)의 전문성이 절실하다

　회계법인(이후 '법인')과 같은 전문 지식을 기반으로 전문가적인 서비스를 제공하는 파트너십(Partnership) 형태의 조직인 경우에는 모든 전문직 요원들에게 회사의 주인, 즉 파트너(Partner, 파트너십의 출자임원)가 되고 더 나아가서 CEO가 될 기회도 있다. 각자의 전문가적인 자질과 성과는 투명한 경영시스템에 의하여 여과 없이 법인 내의 모두에게 알려지고, 그에 따른 보상이나 승진도 공정하게 이루어지도록 되어 있다.

　지난날 나는 CEO가 되겠다는 목표 설정을 한 번도 한 일이 없다. 파트너십으로 운영되는 전문가적인 서비스(Professional Service) 회사에서는 정치적인 활동은 도움이 되지 않는다. 오직 '프로회계사'로서의 내공(內功)을 쌓을 따름이다. 회사의 경영전략이나 조직 내의 상황이 자연스럽게 나를 필요로 하면, CEO이든 COO(Chief Operating Officer, 최고 업무집행 책임자)이든 그 보직을 맡아서 조직에서 기대하는 기능을 충실하게 수행하여 회사에 공헌할 따름이었다.

한 사람의 직업적인 전문가로서 일류 '프로'가 되는 것이 목표가 되어야 하는 것이다. CEO가 되는 것만이 영광이 아니라, '프로회계사'로서 고객과 시장에서 존경받는 전문가가 되면 꿈을 이룬 것이고 더없는 영광이라고 생각된다.

회사 내의 전문직 요원들은 프로페셔널로서 기본기를 갖추는 것이 최우선 과제임에도 불구하고 시니어(Senior) 혹은 매니저(Manager, 부장 직급의 회계사) 레벨에서부터 우선순위를 잘못 두고 성급하게 대표급, 본부장급의 눈에만 들고 싶어서 안달인 자들이 가끔 눈에 띄어서 무척 안타까웠다. 여기에는 윗사람들도 잘못이 있다.

부하와 후배를 진정으로 아낀다면 직급에 어울리는 전문지식·기술함양을 강조해 주어야 한다. 신입 혹은 초년생 프로페셔널들이 기본기를 습득할 기회를 놓치고 매니저·파트너로 승진하고 나면 평생 불완전한 '프로회계사'가 되고 말 것이다.

기본기를 익혀서 전문가적인 자질을 채 갖추기도 전에 조직 내부에서 정치적인 제스처를 취하는 후배들이나 프로로서의 기본기와 자세에 문제가 있는 후배들은 선배들이 꼭 바로잡아줘야 한다고 믿었다.

고객에게 최고 수준의 서비스 품질을 제공하고 또한 후배들의 인력개발을 위해서, 나는 자존심 강한 후배들의 업무 보고를 검토하면서 항상 부족한 점을 빠짐없이 지적해 왔다. 개중에는 이러한 나를 이해하는 고마운 후배들도 있지만, 마음에 상처를 받고 서운해하는 분들도 틀림없이 있으리라.

　각자 개인차를 인정하고 장점만 활용하고 좋은 얼굴로 대하면서 부족한 점은 대충 외면할 수도 있었을 텐데…. 그러나 나는 그러한 태도는 선배 프로페셔널로서 직무유기라고 생각했다. 파트너의 주요한 의무 중 하나가 후배 프로를 가이드하고 제대로 코칭 하는 것이라고 믿었으니까.

프로의 아름다운 모습들

2012년 미국 PGA(Professional Golfers' Association, 미국 프로골프협회)투어 마지막 대회인 〈칠드런스 미라클 네트워크 클래식〉에서 우승한 찰리 벨잔! 그는 말 그대로 '죽다가 살아난' 사나이였다.

벨잔은 이 대회 전까지만 해도 시즌 상금순위 139위로, 125위까지 주어지는 내년 PGA투어 시드 확보가 불투명한 상태였다. 그런데 우승상금 84만6,000달러(약 9억2,000만 원)를 받으면서 63위로 껑충 뛰어올랐다. PGA투어 우승자에게는 이듬해 시즌 개막전 출전자격과 함께 향후 두 시즌 동안 투어카드가 주어지기 때문에, 2014년까지는 '일자리' 걱정도 하지 않게 된 것이다.

벨잔의 우승은 그가 2라운드를 끝내고 호흡곤란과 고혈압, 맥박 이상으로 병원에 실려가 3라운드 출전도 불투명했기 때문에 더욱 극적이었다. 그는 2라운드 도중 자주 구토 증세와 현기증을 호소했다. 후반 9홀은 만일의 사태에 대비해 의무요원이 함께 따라다녔다. 캐디에게 "이러다 죽을지도 모르겠다."고 호소하면서도 벨잔은 2라운드에서 8언더파 64타라는 믿기지 않는 성적으로 단독 선두로 뛰어올랐다.

병원에서 밤새 공황발작 증세에 대비한 정밀검사를 받고 탈진한 채 퇴원했던 벨잔은 3, 4라운드에서도 선두를 놓치지 않고 PGA투어 데뷔 이후 첫 우승의 감격을 누렸다. 아내와 7주 된 아들을 끌어안고 벨잔은 "예전 같으면 매 홀 스코어 걱정을 했을 텐데, 몸이 안 좋으니 한 홀 한 홀 계속 칠 수 있는 것만 해도 감사하다는 생각뿐이었다. 오히려 그 덕분에 우승까지 하게 된 것 같다."고 말했다.

새삼 '프로(Professional, 직업적 전문가)정신이란 것이 도대체 무엇일까?' 생각하게 만드는 뉴스였다. 프로로서 경쟁의 결과 못지않게 중요한 것이, 그 과정에서 성실하게 최선을 다해 나가야 한다는 것이다. 누구든 일등이 아니면 프로의 세계에서 사라지는 법이다. 냉혹하지만 이것이 현실이다. 가수는 무대에서 사라지고, 회계사는 고객과 시장으로부터 사라진다.

따라서 고객에게 만족과 감동을 주기 위한 경쟁은 동업자 사회에서도 각박하고 치열하다. 그러나 그 경쟁은 직업적인 전문가답게 정도(正道)를 지키면서 떳떳하게 해야 한다. 전문가적인 지식과 신뢰를 가지고 시장과 고객으로부터 공정한 심판을 받아야 한다. 경쟁자가 나보다 우수하면 깨끗하게 인정하고 존중할 줄 아는 프로다운 경쟁을 해야 한다.

돌이켜보면 '프로회계사' 업계의 회계감사 업무를 회계법인들이 수임하는 제도는 상당한 변천과정이 있었다.

1980년대 초까지만 해도 감사 대상기업이 회계법인을 자유 선임하는 것이 아니라, 일정한 방법에 의해서 배정받은 회계법인과 감사계약을 하고 감사를 받을 수밖에 없었다.

1980년대 중반에 들면서 기업이 회계법인을 선임하고 회계법인들은 감사계약을 수주하기 위해 치열한 경쟁을 하게 되었다. 이즈음에 감사 대상 기업을 호칭할 때 '피 감사회사'라는 호칭에서 '고객회사'로 바뀐 것도 우연이 아니었을 것 같다.

회계사 업계도 이러한 '프로회계사'로서의 자유경쟁 과정을 거치면서 발전해 왔고, IMF 유동성 위기를 겪으면서 상당히 선진화된 것으로 본다.

2011~2012년에 인기가 높았던 TV 프로그램 〈나는 가수다〉를 애청했었다. 고백하건대 이 프로그램을 통해서 내가 가수에 대해서 인식이 부족했음을 비로소 알게 되었다. 이 프로그램에 출연한 가수들은 "직업적인 전문가, 즉 프로라는 것이 이런 것이다."라고 웅변하고 있었다. 정말 저 가수들이야말로 이 사회에서 존중받아 마땅할 진정한 프로라고 생각하게 되었다.

공인된 프로가수들이 노래 실력 하나로 공정하게 승부를 겨루면서 결과에 승복하는 모습은 투명하고 담백했다. 프로가객(歌客)으로서의 정체성과 진정성이 빛나는 가수들의 창조적 에너지는 존경할 만했다.

그 프로그램에서 '국민가수 요정' 박정현은 시청자들 앞에서 경쟁자인 자우림 밴드의 김윤아에게 연신 "예뻐!"를 연발하며 흥겨운 몸짓으로 호응하고, 음악 자체에 몰입하여 눈물을 흘리고 기뻐하는 혼연일체의 모습을 보여주었다.

여기서 나는 프로의 아름다운 면모를 보았다. 미국의 명문 콜롬비아 대학에서 문학을 전공한 그녀지만, 〈나가수〉에서의 치열하고 아름다운 경쟁을 놓고 온 영혼을 다 바쳐서 준비하고 열연하는 진정한 프로의 자세를 보여주고 있었다.

한 언론과의 인터뷰에서 가수 박정현은 말했다.

"내 삶에서 〈나가수〉는 가장 큰 인생의 터닝 포인트였어요. 가장 혹독한 도전이었고 다행히 성공적으로 끝났으니까요. 비극이 되든 희극이 되든 음악으로 기록되는 내 삶의 결말에 절대 후회는 없을 겁니다. No regret!"

어느 케이블 채널에서 방영되었던 〈꽃보다 누나〉라는 프로그램도 가끔 본 적이 있다.

최종회에서 방영된 에필로그에서 PD가 배우 윤여정에게 "이승기와 같은 20대 젊은 나이로 돌아갈 수 있다면 좋겠느냐?"라고 물었다. 그녀의 대답은 단호하게 "NO!"였다. 배우 김희애의 대답도 마찬가지로

"Never!"였다. 그들이 왜 젊은 시절로 돌아가고 싶지 않다고 했는지를 내가 단언할 수는 없으나, "지금 이대로 그냥 내일로 가는 삶을 살겠다."는 대답이 무척 인상적이었다.

아마 똑같은 질문을 나에게 한다면 나도 같은 대답을 할 것이다. 젊은 날 내 청춘을 바쳐 한 사람의 프로로 누구보다도 치열하게 살았고, 그렇게 내 삶에 최선을 다했기에 시간을 되돌려 바꾸고 싶은 아쉬운 과거도 없다. 과거가 있기 때문에 지금의 내가 있고, 나는 현재 행복하다.

1980년대 중반 이후 한동안 우리나라의 수출기업들이 미국과 EC(European Community, 유럽공동체) 시장에 적극적으로 진출하고 있을 때였다. EC 무역위원회 당국으로부터 덤핑 혐의를 받은 어느 자동차 부품 제조·수출 업체가, EC 반덤핑 조사 팀들의 조사를 앞두고 어찌할 바를 모르고 있었다. 만약 현 상황대로 그냥 진행되면 엄청난 덤핑 관세를 부과받아서, 앞으로는 도저히 EC 지역에 수출을 할 수 없게 되는 지경이었다. 이 회사의 매출의 대부분이 EC 지역 수출에 의존하고 있는 실정이라서 그야말로 회사의 존립 위기를 맞은 것이다.

D회계법인은 반덤핑 관세 분야의 전문 인력을 투입하였고 조사에 대비하여 수개월간 치밀하게 준비했다. 정해진 일정에 따라 EC 조사단 일행이 통역을 대동하고 현지 조사를 시작하는 날이 왔다.

인천에 소재한 회사에 조사관들보다 좀 여유 있게 미리 도착하고자 아침 5시에 기상해 목욕재계했다. 나는 마음을 단단하게 다져먹고 운전

대를 잡고 경인고속도로에 진입하였다. D회계법인의 명예를 걸고, 더 나아가서는 수출경제 입국에 일조하는 것이라고 자부하면서!

때마침 6시, 자동차 안의 라디오에서 애국가가 흘러나왔다. 애국가를 들으면서 머릿속으로는 덤핑 조사관들과의 진검승부를 그려보면서 현장을 향해 달려가던 기억이 아직도 생생하다.

진인사대천명(盡人事待天命)이라 했던가! 덤핑 조사 결과는 '덤핑 혐의 없음'이었다. 요컨대 이 회사가 자동차 부품 생산원가 혹은 제3국 수출가격보다 낮은 가격으로 덤핑 수출하지 않았다는, 회계적 측면에서의 설득이 주효한 것이었다. 만세, 만만세! D회계법인 '반덤핑 서비스 팀'의 승리였다.

우리나라 대표 의료기관의 심장수술 명의인 어떤 분은 수술실에 들어갈 때마다 하느님께 성공적인 수술을 위해 기도한다고 했다. 고려청자·이조백자를 구워낸 도공들의 장인정신에 비유할 수 있는 진정한 프로(Professional, 직업적 전문가)다운 모습이 아닐까?

당시 D회계법인 경영층에서는 우리 '반덤핑 서비스 팀'이 '어떤 용역을 완료했나 보다.' 정도로만 알고 있었지, 그 팀원들의 엄청난 성취욕과 프로다운 열정을 발휘하여 성공했다는 실상은 알지 못하고 있었다. 그러나 그때의 '반덤핑 서비스 팀' 멤버들은 조직 내의 상사에게 인정받는 것보다도 고객과 시장에서 전문가적인 능력을 더 입증하고 싶었고, 무엇보다

'프로회계사'로서의 소명의식을 갖고 정진해 나갔던 것을 자랑스러워했다.

서구인들은 자신의 직책에 엄숙히 임해야 할 이유를 소명의식에서 찾았다고 한다. 소명(召命)의 사전적 의미는 임금이 신하를 부르는 명령이다. 기독교에서는 사람이 하나님의 일을 하도록 하나님의 부르심을 받는 일을 의미한다. 여기서 부르는 것의 주체는 임금이나 하나님뿐만 아니라, 국민이 될 수도 있고 기업이 될 수도 있고 나라가 될 수도 있다. 주체와 상관없이 그 부름에 충실하고 책임감 있게 응답하는 것이 바로 소명의식이고, 진정한 프로의 자세이다.

나 또한 공인회계사(Certified Public Accountant, CPA)라는 직업적인 전문가로서, 고객과 시장에서 신뢰를 받고 활동하는 프로로서, 소명의식을 가지고 외길을 걸어왔다. 자기 성취를 위한 열정과 반드시 성공할 수 있다는 믿음을 가지고!

대학에서 자본주의 경제와 자본시장 시스템에서 필수적인 회계감사 제도를 배운 후부터 CPA를 꿈꿔왔고 미래의 인생설계를 CPA에 맞추었다.

1960년대에는 정보 불균형이 극심하여 내가 다니던 지방대학에서는 교수님들조차 CPA 시험과목이 무엇인지 몰랐다. 나는 겨울방학에 상경하여 모 경리학원에서 회계사 시험과목이 무엇인지, 과목별로 참고서적은 어떤 것인지를 겨우 알아낼 수 있었다.

대학 4학년 때는 회계사 시험에 임박하여 서울의 몇몇 대학에서 회계사 시험준비반 학생을 상대로 하는 특강을 도강하려다가 쫓겨나기도 했다. 그날 그 학교 도서관에서 괜히 아끼던 수험준비 서적만 분실하게 되어, 불길한 예감이 나를 괴롭혔던 일이 생각난다.

다행히도 CPA 시험에 합격하여 '프로회계사'로서 활동하면서 그 당시로는 획기적인 KPMG US Firm 연수 기회를 향유하기도 했다. 이후부터 나는 CPA라는 전문가로서 인정받고 존중받기 위해서 단 하루도 긴장을 풀고 살아보질 못했다.

매일 새벽 6시에 영어회화 수업을 듣고 출근하는 것을 규칙으로 했고, 회사 내의 다른 사람들보다 1시간 이상 이른 8시경에 출근했다. 또 매일 출근할 때마다 하루도 빠짐없이 16층 계단을 걸어서 올라갔다. 늘 밤늦게 퇴근할 것이 뻔하니 이것이 내가 할 수 있는 훌륭한 건강관리 수단이었다.

이런 일들이 회사 안에 소문이 나서 직원들에게 깊은 인상을 남긴 것 같다. 당시 같이 근무했던 C상무는 20년이 지난 지금도 기억이 난다면서, 만날 때마다 이 얘기를 꺼낸다. 그때 직원들 사이에서 내 별명이 '독일병정' '의지의 한국인'이었다고 한다.

고객 서비스에 있어서도 언제나 일등 정신을 추구했으며, 프로로서의 전문적 실무기법(Skill Set)을 끊임없이 연마했고, 동료·후배 프로들에게 고객서비스 정신과 파트너(Partner, 파트너십의 출자임원)로서의 주인정신 발휘 등 모든 면에서 솔선수범하는 모습을 보여주고자 최선을 다했다.

아리스토텔레스는 "광기가 섞이지 않은 위대한 재능은 없다"고 했다. 광기는 열정, 집념, 정성을 말한다. 절실하게 원해야 얻을 수 있다. 뭔가를 이루기 위해 뼈에 사무치도록 원하고, 이러다 죽어도 좋다고 할 만큼 전력을 다하고, 매일 밤 꿈속에 나타날 정도가 된다면 '성공'의 기적을 맛볼 수 있을 것이다.

메르스(MERS, '중동호흡기증후군'의 약칭) 감염사태가 온 나라를 불안하게 했을 때 많은 사람들이 보건당국과 의사, 의료기관들을 원망했다. 그러나 이런 무서운 질병을 통제하고 진압하는 데는 프로정신이 충일한 의사·간호사 등 의료진들의 헌신적인 노력과 직업적인 소명감이 있었기에 가능했다.

당시 조선일보 기사이다. "환자 5명이 발생한 강동 경희대병원에는 전국에서 인공투석 전문 간호사 23명이 자발적으로 감염위험을 무릅쓰고 인공투석환자 70여 명을 돌보고 있다. 환자의 혈액투석을 돕기 위해 방호복을 입으면 땀이 쏟아지고 고글엔 습기가 차 주사를 꽂거나 뽑을 때는 앞이 잘 보이질 않는다고 한다. 이들은 병원 주변의 모텔과 고시원에서 숙식을 해결하며 환자를 돌보고 있다."

이들의 전문가로서의 직업적인 소명의식과 헌신적인 노력이 국가적 위기를 극복하는 데 기여했다는 점만큼은 높이 평가해 줘야 마땅할 것이다.

Professional

신입사원도 주인이 될 수 있다

첫 직장을 떠나서

내 첫 직장은 모 국책 은행이었다. 대졸 신입행원 중에서 공인회계사 (Certified Public Accountant, CPA) 합격자 6명 전원이 본점 K본부 S과에 모두 배치되었으나, 모두가 잠재 실업상태(?)라고 할 정도였다. 하루 1시간 정도 일해서 신용조사 파일 정리를 끝내고 나면 할 일이 없어, 대학 출신의 젊은 인재들이 열정과 능력을 충분히 발휘하지 못하고 있었다.

그러던 중 K부장님께서 일본 산업계 시찰을 다녀오신 후 느낀 바가 있어서인지 K본부 전체 직원회의를 개최하였다. 출장보고를 간단히 마치신 후에 직원들의 불만이나 건의사항을 허심탄회하게 얘기해 달라고 했지만, 부장님 뒤에서는 온갖 불평을 하던 선배행원들이 꿀 먹은 벙어리가 됐다. 오히려 신입행원인 날 보고 충동질이다. 밤낮 야근에 시달리면서 불만이 가득했던 K본부 K과 선배행원과 대리님들을 대신하여 나는 무모하게도 다음과 같이 발언했다.

"이렇게 인력을 충분히 활용하지 않으면 예산을 낭비하는 게 되지 않겠습니까? 우리 신입행원들을 S과에 앉혀서 놀리지 말고 밤낮 일에 쫓기는 K과로 재배치하여 일을 많이 시켜주시면 좋겠습니다."

내가 발언을 진행하는 동안 전 부서 직원들이 갑자기 쥐죽은 듯 조용해졌다. 직감적으로 내 발언이 지나치게 심각하게 나가고 있다는 느낌이 들었다. 당시 그 은행 문화에서는 용납할 수 없는 과격한 행동이었다고 한다. 어떤 고참대리께서 하시는 말씀.

"○○○ 씨가 옳은 얘기 잘 해줬어! 그런데 만약 당신이 완전 신입행원이 아니고 입행 2년차 행원 정도라도 되었더라면 영원히 우리 은행 안에서는 출셋길이 막힐 뻔했다네!"

아무튼 며칠 후 대거 부서 직원 이동 배치가 있었고 덕분에 나를 포함한 신입행원 대다수가 재배치되어 원하는 일들을 열심히 할 수 있게 되었다. 다행히 '해피엔딩'으로 마무리된 것이다.

그 후 군에 입대하여 복무를 마친 후 복직하여 K본부가 아닌 A본부에 배치되었다. A본부 계리과에서 2년간 모두가 싫어하는 '금융원가계산' 업무를 나 혼자서 책임지고 했으나, 인사고과를 위한 연례 업무실적 평가는 턱없이 불공정했다. 업무수행과 관련한 표창이나 특진 기회에 제출하는 담당 대리의 공적 조서에는 '금융원가계산' 업무수행이 업적으로 버젓이 기재되어 있었다. 담당 대리는 근무시간 중에 독일 연수를 위하여 남산에 있는 독일 괴테 학원에 가는 것이 일과였다.

담당 대리가 특별히 높은 인사고과 점수를 받으면 그 바로 아래 직급인 주임급 행원은 평균 이하의 평점을 받도록 그 당시 고과제도를 운영하고 있었기에 나는 무척 억울해했던 기억이 난다.

　구사일생. 하늘이 도와서 그 이듬해에 이런 딱한 사정을 알고 있던 A 본부 업무과장님께서 나를 지명하여 자리 이동을 하게 하였고, 전년도의 억울한 인사고과도 특별 승인절차를 거쳐서 소급하여 수정하게까지 되었다. 그 덕분에 1975년 대리 승진 인사에서 입행동기 80명 중에서 단 2명만이 대리직급으로 승진하는 대열에 뜻밖에도 내가 끼게 되었다.

　나는 대리 승진과 동시에 부서이동이 있었고, 당시로서는 아시아 지역 최대 규모이며 국제적인 업무제휴가 되어 있는 SGV & Co.(Sycip Gorres Velayo & Co., 필리핀의 대형 회계·컨설팅 회사)에서 3개월간의 회계감사 업무 연수에 참가하여, 선진회계사 업계의 감사실무를 경험하고 귀국했다.

　그곳의 SGV & Co.라는 회계법인은 당시 우리나라의 회계사 업계의 초라한 위상과는 달리, 필리핀 최대 기업의 빌딩 바로 옆에 같은 규모의 빌딩을 본사 사옥으로 소유하고 있다는 사실이 무척 나를 놀라게 했고, 수천 명의 회계사를 임직원으로 거느린 거물 기업임에 충격을 받았다.

　나는 해외연수 후에 귀국하여 직장 상사에게 외국여행을 할 기회를 주셨음에 대하여 감사 표시를 하는 관행을 깨트린 무례한 사람이 되었던 것 같다. 유럽이나 미국에 연수 가는 경우에는 초청기관에서 상당히 후하게 대우를 해주고 은행에서도 연수비 지원이 있었기 때문에, 귀국 시에 남은 연수비로 선물도 사서 상사들에게 감사표시를 할 뿐만 아니라 좋은 식당에서 식사대접을 하는 관례가 있었다. 그러나 필리핀 연수 케이스는 초청자인 SGV & Co.가 전액 실비를 부담하는 조건이었기 때문에 은행에서는 일체의 비용지원이 없었고, 실제로 초청자는 열악한 환경의 현지 직원숙소와 교육시설만 제공하기 때문에 연수생들은 정말 '거지생활'을 하고 돌아왔던 것이다.

1977년 1월 아내가 둘째아이를 순산했다. 아들이었다. '이제 내 나이 만 30세인 가장이다. 두 남매의 아버지이다! 나는 내가 가진 열정과 조그마한 능력 이외엔 자랑할 만한 강점이 없으니, 관료주의적 문화의 큰 조직에서 적응하기 위해서 애쓰는 것보다는 내가 힘껏 땀 흘리고 그만큼 열매를 거두는 새로운 길을 개척해 보자!' 첫 직장을 떠나서 회계사로서 꿈을 펼쳐보기로 결심했다.

그러나 직장상사께서 사표를 수리해 주지 않고 시간을 끌고 있어서 회계법인에 필요한 서류를 제때에 제출하지 못해서 고민하고 있었다. 어느 날 밤 퇴근 후에 우이동 골목길을 굽이굽이 돌아 들어가서 직장상사인 모 차장님 댁을 찾아가, 재차 사직 의사를 말씀드리고 이미 제출한 사표를 아무쪼록 접수해 주시기를 부탁했다.

결국 나는 그 은행에서 퇴직하고 첫 직장에 비해서는 규모나 사회적 인지도 면에서 턱없이 작고 초라한 조직인 어느 회계법인에서 젊음과 내가 가진 모든 열정을 쏟아붓기 시작했다.

열심히 일하고 제대로 평가받자!

　미국의 풍자 작가이자 방송인 개리슨 케일러는 자신이 진행하는 라디오 버라이어티 쇼 〈프레이리 홈 컴패니언〉에서 '워비곤 호수'라는 가상 마을을 설정한다. 1974년부터 이어져온 이 프로그램에서 케일러는 언제나 '워비곤 호수' 마을의 소식을 전하면서 시작한다.

　"레이크 워비곤에서 온 소식입니다. 시간도 잊어버린 마을, 세월도 바꾸지 못한 마을, 여자들은 모두 강인하고, 남자들은 하나같이 잘생겼으며, 아이들은 모두 평균 이상인 이곳…"

　사람들은 스스로 잘생겼다고 생각하고 다른 사람보다 더 능력 있다고 생각하며, 아이들도 자기가 평균 이상 똑똑하다고 생각한다. 실제로 그렇지 않은데도 말이다.

　그 이유는 무엇일까? 그렇게 생각을 하면 기분이 좋기 때문이다. 자신이 타인보다 능력이 뛰어나고, 심성이 더 좋고, 행운도 많이 따른다고 생각하면 기분이 유쾌해질 수밖에 없다. 이렇게 남보다 능력이 뛰어나다고 생각하는 자기과신 현상을 '워비곤 호수 효과(Lake Wobegon Effect)'라고 한다.

워비곤 호수 효과는 다른 사람들보다 재능이나 실력이 뛰어나다고 자신을 과대평가하는 현상을 의미한다. 워비곤 호수 효과는 어떤 일을 해도 내가 하면 당연히 잘할 것으로 믿는 일종의 근거 없는 낙관주의다. 부모들이 흔히 우리 아이가 혹시 수재가 아닐까 착각하는 것도, 선거 때마다 후보가 난립하는 것도, 연거푸 고배를 마시면서도 다음엔 합격할 것으로 믿는 고시 준비생의 형태도 워비곤 효과 때문이다.

대부분의 사람들이 일상적으로 자기과신 속에서 살고 있다. 해리 베키스의 저서 『보이지 않는 것을 팔아라』에서도 80%의 직장인이 스스로를 평균 이상이라고 여긴다. 잡코리아가 직장인 2,013명을 대상으로 조사해 발표한 결과에서도 자신을 다른 사람보다 우수한 인재라고 생각하는 사람이 70%에 육박했다.

근본적으로 자기과신과 자존감은 다른 것이다. 자기 자신뿐만 아니라 다른 사람들도 소중하게 생각하고 존중하는 자존감은 긍정적이고 창조적인 활동에 절대적으로 필요하다. 그러나 자기과신은 오만, 독선, 아집, 우둔의 함정에 빠지게 한다. 자기과신의 함정을 피하고 자존감을 높이려면 무엇보다 겸손하게 자기 자신을 성찰해야 한다. 자기과신은 버리고 자존감을 갖는 일은 참으로 어렵지만 중요한 과제이다.

불성실한 멤버는 모두가 알아본다

"어떤 기업이든 모든 직원의 급여는 고객이 지불함을 기억해야 한다. 급여는 기업 소유주나 사장에게서 나오는 것이 아니다. 멀리 떨어져 있는 은행계좌나 노동조합에서 나오는 것도 아니다. 급여는 고객에게서 나오는 것이다." - 제프리 폭스, 『마케팅 슈퍼스타』

요즘 젊은 사람들이 우스갯소리로 하는 말 중에 '월급 도둑' '월급 루팡'이라는 단어가 있다. 불성실하게 일을 하면서 꼬박꼬박 월급을 챙겨가는 직원을 일컫는 말이라고 한다. 하지만 괴도 루팡이 아무리 신출귀몰한 도둑이라고 해도 명탐정 코난에게는 그 흔적을 들키듯이, '월급 루팡'인 직원의 불성실성은 주변 동료와 상사가 모두 알아본다. 본인의 불성실성을 아무도 모를 것이라고 생각하는 것 자체가 자신만의 착각인 셈이다.

기본적으로 피 평가자가 평가를 잘 받기 위해서는 본인의 업무를 충실히 해야 한다. 나의 월급이 어디에서 나오는지, 나는 이 월급을 받기에 마땅한지 등 기본부터 생각해 보며 본인 스스로를 객관적으로 바라보는 일이 필요하다.

피 평가자가 합당하게 평가받기 위해서 노력해야 한다

전문적 서비스(Professional Service)를 제공하는 조직이 개인이 아니고 파트너십(Partnership)이든 주식회사 형태이든 많은 사람들로 구성되어있는 법인 형태인 경우에는, 나름대로 정해진 임직원 성과평가 시스템이 있게 마련이다.

이 경우 피 평가자가 일 년에 한번 혹은 정기적으로 자기 스스로 평가서를 작성하고, 정해진 평가자로부터 일정한 절차에 따라 평가를 받게 되어 있다.

자신이 조직 내에서 상위 20% 이내에 든다고 생각하는 사람이 80%가 넘는다는 사실에서 볼 때(워비곤 호수 효과), 피 평가자들은 대략 80점(100점 만점)을 기준선으로 놓고 거기에 추가점수를 부여할 만한 근거를 찾아내 자신의 최종 평가점수를 예상한다.

반대로 평가하는 입장이 되면 기준선을 80점보다 낮게 잡을 가능성이 크다. 설령 80점을 기준선으로 잡았다 해도 점수 깎아내리기를 정당화할 정보를 확보하자마자 평가를 멈추는 경향 때문에, 최종점수는 80점보다 높아지기 어렵다.

즉 피 평가자는 80점에서 시작하여 90점으로 높이고, 평가자는 80점에서 시작하여 70점으로 낮추게 되는 상황이며, 매년 평가 시즌이 되면 평가자와 피 평가자 간의 갈등의 앙금이 쌓이게 되는 것이다.

따라서 피 평가자는 우선 목표설정과 중간평가, 최종평가에서 100점 만점에서 100점을 기준선(누가 보더라도 완벽하고 롤모델 수준의 역량을 가진 선)으로 놓고 자신이 부족한 부분을 메울 수 있는 목표를 설정하고 평가에 임해야 한다.

그리고 자신의 업적과 다른 직원과의 차별점들을 잘 설명하여 자신이 조직에 어느 정도의 가치가 있는지를 보여줄 수 있어야 한다.

그러나 안타깝게도 대부분의 피 평가자는 자신의 평가서를 형식적으로 작성하면서도 좋은 평가를 기대하는 것이 사실이다.

자신의 직무와 역할 그리고 회사의 상황이 천차만별이므로 그 상황과 역할에 따라 적합한 내용으로 자신의 성과평가를 작성해야 하겠지만, 일반적으로 피 평가자는 다음 사항을 참고해 볼 필요가 있다.

1. 자신의 역할을 제대로 파악하라

우선 자신의 업무범위를 명확히 할 필요가 있다. 만약 이에 대한 명확한 내용이 없다면 상사나 인사부서와 함께 직무역할(Job Duty)이 적힌 자세한 목록이나 직무내용 설명서(Job Description)를 작성해야 한다.

2. 직무관련 프로세스 수립에 참가하라

많은 직원들은 성과평가에는 그리 관심을 기울이지 않거나 자신의 업무내용과 목표를 명확하게 설명하지 않다 보니, 자신의 잠재적인 가능성을 최대한으로 발휘할 수 있는 이러한 중요한 기회를 놓치기 일쑤이다.

각자의 업무내용과 목표를 수립하는 데 적극적으로 임할 필요가 있

다. 자신과 상사, 그리고 자신의 조직에게 합당한 핵심목표를 설정하고
이에 집중해야 한다.

3. 합당하고 적절한 목표를 설정하라

확실한 의미가 있는 목표를 수립해야 한다.

목표는 상세한 활동을 통해 그 가치가 나오게 된다. 각각의 목표는 매
일 자신이 하는 업무와 실제로 관련이 있고, 자신과 상사 모두의 동의
하에 설정되어야 한다.

4. 목표를 프로젝트 계획으로 여겨라

자신의 목표에 사명감을 가져야 한다.

현재의 목표를 유지하면서 진행상황과 투입비율을 항상 확인하고, 역
할과 책임의 변화를 올바르게 반영하도록 목표를 업데이트해야 한다.

5. 자신의 업적을 기록하라

피 평가자는 1년간 자신의 업무를 수행하면서, 지속적으로 자신의 성
과를 메모하고 정리하는 습관을 길러야 한다. 1년이라는 시간 동안 평
가자는 다수의 피 평가자를 관리하게 마련이다.

비슷한 수준의 과업을 달성한 두 명의 피 평가자가 있을 때, 한 명은
자신이 수행한 업무를 체계적으로 디테일하게 기술했고, 다른 한 명은 1
년 동안 했던 업무를 모두 담지도 않은 채 형식적으로 분량을 채워 넣

는 데 급급했다면, 평가시스템 안에서 누가 유리할까?

"구슬이 서 말이어도 꿰어야 보배"라는 말이 있듯이 자신이 온갖 노력과 정성을 쏟으며 근무한 결과에 대해서 평가를 받을 때, 그동안 만들어 놓은 구슬을 꿰어서 보배로 만든다는 심정으로 업무기술서 작성에 임해야 한다.

자신 말고는 아무도 당신이 한 일에 깊은 관심을 기울이지 않는다.

자신의 성과를 깔끔하고 돋보이게 강조한 결과물을 가지고 있다면, 업무평가나 승진, 연봉협상 등에서 두드러진 모습을 보여줄 수 있을 것이다. 자신의 성과물들을 차근차근 문서화하고, 미리 정해진 시점이 왔을 때 이를 상사에게 반드시 알려야 한다.

그리고 어떤 장애물을 만났다면 이를 해결할 만한 최선의 방법을 찾도록 조언을 구할 수 있어야 한다. 그래야 상사가 당신이 무엇을 하고 있는지 잘 인지할 수 있는 것이다.

6. 부가적인 교육에 관심을 보여라

어떤 특정 목표를 이루는 데 필요한 도구나 교육을 이용하지 못했다면 확실히 요구할 필요가 있다. 상사나 CEO는 직원들이 업무의 질을 향상시키길 원하고 있고, 전문가로 발전하는 데 관심이 있는지 지켜보고 있다.

교육을 통해 당신은 보다 가치 있는 존재가 될 것이고, 더 많은 역량을 보임으로써 승진하는 데 보탬이 될 것이다.

7. 항상 확인하라

1년(평가기간) 내내 당신의 상사와 계속 대화해야 한다.

이를 통해 상사는 당신이 지금 어디까지 도달했고 진행상황이 어떻게 돌아가고 있는지 좀 더 잘 인식할 수 있는 것이다.

이러한 대화가 연말 성과평가에만 이루어져서는 안 되며, 성과평가 때에는 격의 없는 편한 대화를 간단히 하도록 유도해야 한다.

목표를 이루기 위해 당신이 업무수행을 잘하고 열심히 일하고 있다는 것을 당신의 상사에게 확인시키는 시간을 항상 갖는 것은 매우 중요한 일이다.

8. 긍정적인 피드백을 공유하라

동료나 고객으로부터의 피드백도 평가를 준비하는 중요한 부분이다.

고맙다는 뜻의 이메일이나 편지를 받았다면, 이를 소중히 간직해 놓아야 한다. 다른 이에게 고맙다는 찬사를 들었다면, 그에게 글로 써줄 것을 부탁하는 것도 좋은 방법이다.

9. 적극적인 태도를 보여줘라

성과는 결과를 통한 것이지만, 성과가 좋은 사람들 중에서도 좋지 못한 업무태도를 보이는 직원들이 있다.

평가자들은 업무를 잘 수행하면서도 유순하고 함께 일하기 편한 직원을 찾는다. 자신의 일반적인 행동들을 주위의 사람들은 어떻게 느끼고 있는지 심각하게 생각해보고, 동료들에게 업무상으로라도 따뜻하고 공손하며 정중하게 대할 수 있도록 노력해야 한다.

평가자인 상사나 동료들에 대해서 참기 힘든 불만이 생겼더라도 즉시 불만을 터뜨리지 말고 한번 더 되새겨본 후에 적절한 기회를 잡아서 부드러운 분위기에서 의견을 개진하는 것이 현명한 방법이다.

10. 성과평가의 피드백을 이용해라

성과평가하면서 건설적인 피드백을 받았다면 객관적으로 귀 기울여 들어야 한다. 일부 내용들은 참고 듣기 힘들 수도 있겠지만. 화가 난 듯한 표정을 보여서는 안 된다.

대신 무엇을 말하고 있는지 심사숙고하고, 미래에는 이러한 비슷한 비판들을 듣지 않도록 자신의 일하는 습관을 발전시켜 나가도록 노력할 필요가 있다. 회사는 이러한 조언들을 전문가답게 받아들이는 직원에게 가치를 부여하기 때문이다.

'파트너십(Partnership)'은 특이한 회사형태?

'파트너십(Partnership)'이라는 회사는 직업적 전문가들이 모여서 자본을 출자하고 공동경영을 하는 조합 형태의 인적(人的) 회사의 성격을 가지고 있다. 자본주의 경제하에서 대표적인 물적(物的) 회사인 주식회사와는 전혀 다르다. 그 대표적인 예가 'Big 4'(국제적 규모의 4대 회계법인과 업무 제휴한 회계법인) 회계법인과 일부 로펌(Law Firm)들이다.

주식회사와 같은 물적인 회사와 달라서 파트너십 형태의 회사에서는, 신입직원이 일정한 경력을 쌓은 후 자격요건을 갖추면 어느 날 파트너(Partner, 파트너십의 출자임원) 신분으로 바뀔 수 있다.

여기서는 모든 임직원들이 회사의 현재 혹은 장래의 주주로서 진정한 주인의식을 가지게 되고, 전문 지식을 연마하여 고객에게 전문가적인 서비스를 제공할 뿐만 아니라 적극적인 영업·홍보 활동도 하게 된다.

파트너들은 모두가 회사의 주주이며, 주인으로서 회사의 경영방침 결정 등 주요한 의사결정에 참여하고, 고객을 개발해서 영업수입을 확보해 나가면서 신입 회계사 등 임직원들을 채용하고, 좋은 품질의 지적 서비스를 할 수 있도록 인력개발에도 힘쓰게 된다.

모든 임직원들이 주인정신과 책임의식을 최대한 발휘할 수 있고, 이런 특장을 잘 활용하여 경영하면 대외적으로 엄청난 위력을 발휘할 수 있는 조직형태인 것이다.

파트너십의 원리와 철학을 제대로 이해하여 파트너십의 운영의 묘를 잘 살려 나갈 때에는, 주식회사를 비롯한 물적 회사보다도 강점이 더 많은 조직형태라고 본다. 특히 전문가적·인적 서비스를 제공하는 회사인 경우에 적합한 조직이라고 생각된다.

파트너들은 주주/임원으로서 자본금을 납입하고 경영을 하던 중 정년이 되면 자기가 채용하고 훈련시킨 후배들에게 회사라는 조직과 그간에 쌓아 올린 회사(Firm)의 브랜드 가치(Brand Value), 그리고 고객과 시장을 송두리째 넘겨주고 떠나게 된다. 회사의 영업권(Goodwill)이나 경영권 프리미엄에 대한 대가를 요구하지 않고, 자기가 소유한 지분을 당초의 취득 원가로 후배 파트너들에게 양도하는 것이다.

물적 회사인 주식회사에 신입사원으로 취직해서 전문 경영인으로서 임원·대표이사를 역임한 후에, 퇴직금 규정에 따라 퇴직금 받고 떠나는 경우와는 다르다. 파트너십에서 파트너의 퇴임의식은 단순한 경제적 거래가 아니라 선·후배 파트너들 간의 존경과 신뢰관계를 근간으로 하는 의미 있는 전통의식이 되어야 한다.

　어느 날 골프라운딩 하던 중에 A그룹의 회장님께서 30년 이상 몸담았던 파트너십에서 물러난 나에게 물었다. 그 회장님께서는 주주경영자로서 A그룹의 성공을 이루어 놓고 퇴임을 구상하고 계시던 즈음이었다.

　"파트너십에서 떠날 때 투자 지분은 어떻게 평가해서 양도했나요? 내 기억에 10년 전에 회사의 임직원이 300명에 불과했는데 2,500명 규모의 이름 있는 회사가 되었으니, 양도가액이 높아져서 큰돈을 벌었겠군요?"

　"아닙니다. 파트너 간의 약속이 정년이 되면 후배 파트너들에게 투자 지분을 원가로 양도하고 떠나게 되어 있습니다."

　그 대답이 너무나 뜻밖이라는 듯 회장님께서 놀란 표정으로 대꾸하시기를,

　"현대사회의 최첨단 회계·경영 전문가들이 어찌하여 시장가치나 공정가치를 기준으로 양도하지 않고 그런 이치에 맞지 않는 일을 하시지요? 좋은 모델이 있으면 우리 회사가 벤치마킹하려고 했는데 안 되겠구먼! 하, 하~"

　파트너십에서 퇴임하는 파트너는 자기가 주인인 회사에서 주인의식을 가지고 채용해서 키워놓은 후배들에게 정년이라는 약속에 따라 청춘을 바쳤던 회사를 넘겨주고 물러나는 형국이어서, 자식들에게 상속이나

증여하는 부모들의 심정과 비슷한 것이 아닐까 생각해 본다. (대주주가 엄연히 따로 있는 주식회사의 전문경영인이 퇴임하는 경우와는 전혀 다른 정서가 있을 것이다.)

정년이 된 선배 파트너들은 자기가 일구어 놓은 그 파트너십이 지속 성장할 수 있도록 자리를 비워주지 않으면 안 된다. 훌륭한 인재야말로 전문가적 서비스를 제공하는 회사(Firm)로서는 성공의 열쇠이므로, 유능한 후배들이 새로운 파트너가 될 수 있는 길을 비워주지 않으면 그 파트너십에는 미래가 없다. 이런 사명감을 가지고 적절한 시점에서 '뒷모습이 아름다운 이별'을 결행해야 하는 것이다.

한편 후배 파트너들은 진정한 인생의 동반자로서의 파트너 정신에 입각하여, 아름답게 퇴임하는 선배 파트너들의 인생 2막을 설계함에 있어서 함께 참여하여 필요한 배려와 관심을 적극적으로 보여줄 수 있어야 한다. 이러한 좋은 문화를 지켜나갈 때 비로소 품격 있는 명문 파트너십 회사로서 지속적인 성장을 할 수 있다고 본다.

파트너십(Partnership)의 꽃, 파트너(Partner)

2015년 7월 말 현재 우리나라에 등록된 회계사 수는 1만8천 명에 조금 못 미친다. 그중에서도 전 세계 150여 개 나라에 각각의 회원사(Member Firm)를 두고 있는 4대 대형 회계법인, 소위 'Big 4'에 소속된 회계사들이 대단히 큰 비중을 차지한다. 'Big 4'[삼일·삼정·안진·한영 회계법인]에 적을 두고 있는 회계사 수가, 2015년 4월 기준 5,950명에 이른다. 전체 151개 법인 소속 회계사 중 절반 이상이 이 'Big 4'에 속해 있는 것이다.

공인회계사 현황 (2015. 7. 30 현재)

> ▶ 등록 회원수 17,668명
> ·전업 11,400명 ‒ 법인(151개)   9,383명
>   ‒ 감사반(259개) 1,318명
>   ‒ 개업   699명
> ·휴업 6,268명
> ▶ 수습 회계사 2,352명

'Big 4' 회계법인 소속회계사 현황 (2015. 4. 30 현재)

삼일 회계법인	2,984명
삼정 회계법인	1,167명
안진 회계법인	1,127명
한영 회계법인	672명
	총 5,950명

'Big 4' 외국법인 제휴현황 (2015. 7. 30 현재)

삼일 회계법인	PricewaterhouseCoopers International Limited
삼정 회계법인	KPMG
안진 회계법인	Deloittle Touche Tohmatsu Limited
한영 회계법인	Ernst & Young Global

'Big 4' 출자임원(Partners)의 수 (2015. 7. 30 현재)

삼일 회계법인	136명
삼정 회계법인	112명
안진 회계법인	133명
한영 회계법인	55명

회계법인은 상법상의 주식회사 형태가 아니고, 공인회계사법에서 규정한 특수법인으로서 파트너십(Partnership) 형태이다. 몇 천 명 되는 직원들 중 일정한 경력이 쌓이고 자격을 인정받으면 신입사원이라도 어느 날 파트너(Partner, 파트너십의 출자임원)가 될 수 있는 것이다. '회계법인의 꽃'이라고도 불리는, 군대로 말하면 '별을 다는 것'과 마찬가지다. 이 때

문에 회계사라면 누구나 이 파트너가 되기 위해 밤을 낮같이 일하면서 고생을 자처하고 있는 것이다.

대형 회계법인들 중에서 세계적으로 알려진 국제적 규모의 4대 회계법인과 업무 제휴한 회계법인을 짧게 줄여 'Big 4'라고 한다.

파트너십 형태의 회사에서 파트너들은 동료 파트너의 업무상 실수로 인해 함께 연대해서 피해를 보게 될 수도 있으며, 소속법인에 출자한 출자금과 지분을 한꺼번에 소송에서 빼앗길 수도 있다. 업무상 손해배상 청구소송을 당하게 되면 일정한 경우에 자신이 법인에 출자한 부분뿐만 아니라 개인재산까지도 피해를 보게 된다. 주식회사의 주주가 출자한 범위 안에서 유한 책임을 지는 것과는 달리 훨씬 큰, 상당한 정도의 무한 책임을 지는 것이다.

또한 파트너십의 파트너는 자기가 돈이 많다고 해서 회사 지분을 사고 싶은 만큼 제한 없이 살 수 있는 것이 아니다. 파트너십 기본 약정서에서 정해 놓은 일정한 기준에 맞는 사람만 출자할 수 있고, 출자금액도 그 약정서 기준에 해당하는 만큼만 출자할 수 있다. 출자지분의 양도도 아무에게나 할 수 있는 것이 아니다. 일단 출자를 하고 나면 그 출자금액에 상응하는 이익분배 청구권이 생기게 된다. 돈이 많다고 지분을 무제한으로 사들여서 이익배당을 많이 청구할 수 있는 주식회사와는 엄연히 다르다.

고객을 상대로 전문가적 서비스를 하는 프로페셔널 직원인 경우에는 경력과 경험, 능력과 인성 등의 일정한 조건이 갖추어졌다고 기존의 선배 파트너들이 인정하게 되면 파트너로 영입될 수 있다. 원칙적으로 다수결이 아닌 모든 파트너 전원이 찬성해야 한다. 영입된 후에는 통지받은 범위 안에서 출자금을 내고 파트너의 지위를 얻게 되고, 한 사람의 새로운 파트너가 탄생하는 것이다.

파트너십의 동료, 선후배 파트너들은 가족 못지않은 운명공동체가 되는 특성이 있다. 파트너 중 어느 한 사람이라도 사회적으로 물의를 일으키거나 고의 혹은 중과실로 부실감사를 하게 되면 파트너십 회사 전체의 명예가 실추되고, 프로페셔널 조직의 명예가 실추되면 시장에서 살아남을 수 없게 된다. 다시 말해 아무 잘못도 하지 않은 나머지 파트너 모두가 함께 피해를 보는 공동운명체 관계인 것이다.

일반적인 회계법인 조직구조를 살펴보면 출자임원, 즉 파트너들이 선출한 CEO가 최고경영자가 되는데, CEO 밑에는 각 담당업무별로 영업본부 / 리스크 관리 본부 / 경영 지원 본부가 있다.

영업 본부는 회계감사 사업본부 / 세무컨설팅 사업본부 / 경영컨설팅 사업본부 / 재무자문 서비스본부로 나뉜다. 이 4개의 사업본부 안에서 또다시 업종별로 세분화하는 경우가 있다. 새로운 서비스나 상품을 개발하여 시장규모가 일정 규모 이상으로 발전하면 새로운 사업본부가 조직 안에 생길 수 있다.

예컨대 J회계법인(이하 '법인')은 수년 전 업계 최초로 문화행사의 심사 프로세스를 검증하는 '대종상 영화제'의 심사심리 용역을 수행함으로써 회계법인 업무의 새로운 지평을 열었다는 평가를 받을 수 있었다.

'법인'의 정보통신사업본부는 이 용역에서 심사위원 선정과정의 규정 준수 여부, 예심과 본심 과정의 공정성, 결과 집계의 정확성 등 심사과 정에 있어서의 공정성 여부를 심사했다.

대종상 영화제 감사패.(2005. 7)

재무자문 서비스본부는 고객을 위해서 주로 M&A(Mergers & Acquisitions, 인수합병) 및 자금조달 자문서비스를 한다.

소위 '심리실'로 불리는 리스크 관리 본부는 각 사업본부의 전문직 요원들이 제출한 회계감사 보고서나 법인세 신고서, 경영자문 보고서 등이 혹시라도 '법인'의 명성에 상처를 줄 불량품은 없는지 품질 관리를 하는 본부이다. 회계법인이라는 마차의 수레바퀴로 치면 한쪽 바퀴는 영업, 또 한쪽은 리스크 관리인 것이다.

경영 지원 본부는 회사 내 인력 관리, 재산 관리, IT시스템 관리가 주 업무로 인사부, 회계부, 총무부, 전산실 등이 이곳에 속해 있다.

종적인 직위체제로 살펴보면 CEO 아래로 사업본부장들이 있고, 그
아래로 각각의 파트너들이 소속된다. 다시 파트너 아래로는 디렉터, 매
니저, 시니어, 스태프 순으로 존재한다.

회계법인에서는 CEO의 지분이 다른 일반 파트너들보다 많은 편이지
만, 'Big 4'같은 대형법인의 경우 100여 명 전후의 파트너가 조직상의 상
위자인 CEO 및 사업본부장인 파트너와 큰 차이 없이 비슷하게 지분을
소유하고 있다.

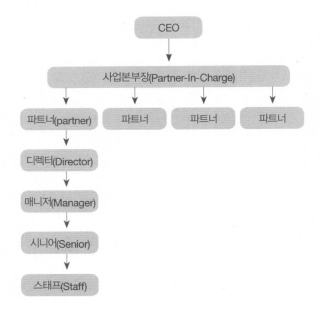

과거에는 'Big 4'의 한국 회원사(Member Firm)들이 외국 회사인 'Big 4'에 종속되어 있는 것으로 잘못 알고 있었던 시절도 있었다. 그러나 예컨대 KPMG가 삼정 회계법인과 상하관계가 아니라, 업무상으로나 사업상으로 서로 대등한 계약관계에 있는 것이다. 전 세계 150개국에 산재해 있는 KPMG 회원사들 중 하나가 KPMG 삼정이고, KPMG라는 브랜드 아래서 같은 수준의 품질 높은 서비스를 한다는 조건으로 회원사가 된 것이다.

　　이 때문에 각국의 회원사가 균등한 수준의 품질 높은 서비스를 제공하고 있는지를 확인하기 위해, 피어 리뷰(Peer Review, 동업자 평가) 등의 서비스 품질 확인제도가 존재한다. 피어 리뷰는 어깨를 나란히 하는 옆에 있는 다른 회원사의 파트너들이 어떤 회원사에 가서 객관적인 눈으로 법인의 경영과 품질관리 상황을 리뷰하고 지적 사항과 개선권고 사항을 제시하는 것이다.

　　이처럼 회원사와의 관계는 수평적 관계인 동시에 상호필요에 의한 계약관계에 있다. 그 계약의 내용은 'Big 4'의 브랜드 밸류(Brand Value)를 유지할 수 있는 서비스 품질요건을 충족해야 하고, 또 공통의 새 상품 개발이나 신 시장 개척사업을 위해서 비용분담을 같이하며, 회원사 간에 고객서비스를 위해 필요할 때 협동하면서 현지 회원사에게 고객을 소개해 주기도 한다.

KPMG Global Partner Leadership Seminar.

　예를 들어 현대자동차(주)가 체코에 진출해 있다면, KPMG 한국에서
쫓아가 서비스를 하는 것보다는 현지의 KPMG 체코 회원사가 양질의
서비스를 하도록 소개해 주는 것이 훨씬 낫기 때문이다. 현대자동차(주)
쪽에서도 KPMG 한국이 쫓아가서 서비스하고 비행기 요금, 호텔 요금
을 청구하는 것보다는 현지에서 직접 서비스를 받는 것이 더 좋을 것
이다. 게다가 체코의 법이나 회계를 가장 잘 알고 있는 것도 그 나라의
KPMG 회원사일 것이다.

　이런 식으로 계속 철저하게 서비스 품질을 향상시키고 전문성을 발휘
한 결과, 'Big 4'가 서명한 보고서를 내면 세계적 금융시장에서도 신뢰를
받을 수 있는 것이다.

　국제적 조직인 'Big 4'는 좋은 프로페셔널 서비스를 하는 일류 조직이
라는 자부심을 갖고 있으며 브랜드 가치를 중시하는 '브랜드 사업' 전략
을 영위하고 있다고 볼 수 있다. 이 때문에 자신들의 브랜드에 상처가
나는 일은 생명줄이 끊어지는 것으로 알고, 그 명성에 누가 되지 않도
록 부단히 노력하고 있는 것이다.

파트너(Partner)들의 운명공동체이다

걷기운동에 사용하는 만보기의 버튼을 잘못 누르는 바람에 오른손 검지의 인대가 끊어져 오랫동안 깁스를 하고 다녔다. 그 후에도 상당기간 물리치료를 받으면서 생활에 큰 불편을 겪었어야 했다.

덕분에 몇 가지 교훈을 얻었다. 우선 거동 하나하나 신중하게 해야겠고, 열 손가락 중 어느 하나도 귀하지 않은 게 없으니 성할 때 모두에게 감사하면서 조심해야겠다는 깨달음이었다.

아픈 손가락(깁스한 오른손 검지)이라고 해서 지나치게 보호하려고 손동작을 할 때 별도로 취급하다 보면, 오히려 옆의 다른 손가락에 무리가 가해져 멀쩡했던 손가락마저 다칠 우려가 크다. 다친 손가락도 최대한 협업을 해 다른 네 손가락의 손놀림을 도와야만 다섯 손가락 모두가 건재할 수 있는 것이다. 다섯 손가락들이 제각각 독불장군처럼 개별적으로 움직이면 많은 경우에 위험해진다는 평범한 진리를 새삼 터득했다. 심지어 손바닥과 손등의 근육도 같이 움직이고 있다는 것을 알게 되었다.

예부터 '화불단행(禍不單行)'이란 말이 있다. 재앙은 번번이 겹쳐 온다는 뜻이다. 불행한 일을 당할 때 정신줄을 놓고 있으면 제2, 제3의 나쁜 일이 닥칠 수 있다. 어려울 때일수록 냉철한 이성을 가지고 현명하게 난관을 헤쳐 나가야 할 것이다.

이 작은 사고가 운명공동체인 회계법인의 파트너십(Partnership) 정신을 상기케 했다.

내가 속해 있던 회계법인(이후 '법인')의 동료 파트너가 어려움에 처해 있을 때 잘 극복해 나갈 수 있도록 여러 파트너들이 지원하고 응원해 주는 모습이 아쉬운 사태가 발생했다.

나는 퇴근길에 사무실 근처 헬스클럽에서 운동을 하다가 뉴스에서 '검찰, L파트너의 집과 사무실 압수수색'이란 뉴스를 듣고 급히 L파트너 사무실로 찾아갔다. 한배를 탄 승무원들과 같이 파트너(Partner, 파트너십의 출자임원)들이 합심해서 파도와 폭풍우를 헤쳐 나가야 한다는 마음으로 서둘러서 사무실에 도착하였으나, 비서가 "몇몇 파트너들만 모여서 장소를 어떤 호텔로 옮겨 비밀스럽게 회의를 하고 있다."고 귀띔해 주었다.

당시에 '법인'은 하나의 파트너십으로 완전하게 통합되어 있지 않았던 시기여서, 어려운 일을 함께 상의하고 합심해서 대책을 세워 나가는 분위기가 아니었던 것 같다.

회사와 일시적 어려움을 겪고 있는 동료 파트너를 위해 파트너들의 단합된 모습은 보이질 않고 동료 파트너의 일시적인 난관을 기회로 퇴임 권고를 수작하는 일부 파트너들도 있었다.

제휴한 법인 'Big 4'의 본부에서는 고문변호사에게 "한국에서 이런 경우 국제적 수준의 전문가적 서비스를 제공하는 회사로서 명성과 브랜드 가치를 지키기 위해서 형사사건으로 문제가 된 파트너는 적절한 인사 조치를 해야 하지 않느냐?" 하고 검토 의뢰를 했고, 한편으로는 회원사와 가장 오랜 세월 동안 교분이 있었던 나에게도 별도로 의견을 구했다.

그때 내가 "검찰에서 조사하고 있다는 뉴스 때문에 '법인'의 이미지에 약간의 손상이 있었는지는 모르겠으나, 현재로서는 검찰이 정식으로 기소한 것도 아니고, 더구나 법원에서 유죄판결이 난 것도 아닌 상황에서 과민반응을 보일 필요가 없지 않겠느냐."라는 의견을 내서 진정시킨 일이 있었다.

당시 L파트너로서는 국내뿐 아니라 회원사 본부 차원에서도 한때 심각한 위기에 처했지만, 다행히 그 후에 검찰에서 잘 소명하고 더 이상 법적인 문제가 생기지 않게 되었다. 이 과정에서 나는 L파트너는 물론이고 동료·후배 파트너들에게 진정한 파트너십 정신에 합당한 파트너의 자세를 보여줄 수 있었음이 자랑스러웠다.

다친 손가락과 조화를 이루면서 다른 손가락들이 함께 움직여야만 모두가 다치지 않고 건재할 수 있듯이, 파트너들이 힘을 합쳐 파트너십의 정신에 충실하게 조직을 운영해 나가지 않으면 성공한 조직이 될 수 없을 것이다.

'프로회계사'로서
그 활동과정이 중요했다

1982년 4월 KPMG라는 국제적인 회계법인의 회원사로서 Y회계법인이 출범하였다. KPMG로서는 역사상 처음으로 한국 땅에 회원사(Member Firm)를 개설하게 된 것이다.

나는 1980~1981년 미국 KPMG에 파견연수를 다녀온 직후, Y회계법인의 창설 멤버 5인 중 한 사람이 된 것이다.

그때 나이 35세! 열정이 하늘을 찌르고 선진 업무(Practice)에서 보고 배운 것을 현실에 적용하기 위해서 밤낮을 가리지 않고 뛰었다. 그 당시 한국 회계사 업계에서는 컴퓨터 감사기법을 제대로 사용할 수 있는 '프로회계사'는 없었고, 회계학 교수들도 한두 명 정도가 관심을 가지고 연구하는 단계에 머물러 있었으며, 그들은 내게 컴퓨터 감사 실무기법에 관한 자료협조 요청을 해오는 실정이었다.

미국 연수에서 컴퓨터 감사 전문가(Computer Audit Specialist) 코스를 이수하고 귀국했던 나는, D그룹 전산실장의 협조를 얻어 비교적 컴퓨터 작업 여유가 있는 밤 시간을 이용해 버로우(Burrough) 컴퓨터 시스템에 접근하여 여러 차례 실패를 거듭한 끝에, 어느 날 밤 드디어 회사의 중앙컴퓨터에서 외상매출금 연령 분석표(Aging Schedule)를 출력해 냈다. 너무나 신통했다! 회계감사 실무 업계에서 처음으로 전산 감사기법을 성공적으로 적용해 낸 것이다.

그렇게 밤낮을 가리지 않고 회사업무와 자기계발을 위해서 열심히 뛰다 보면 어느새 봄을 알려주는 한강변 수양버들이 파릇파릇해지고, 외감법(주식회사의 외부감사에 관한 법률) 감사계약 철이 되어 있었다. 에어컨도 없는 30만 원짜리 폐차 직전의 승용차를 타고 다니면서도, 꼭 양복정장 차림으로 고객을 방문하여 감사계약을 하고 다녔다. 피곤한 몸을 이끌고 사무실이 있는 사학연금회관으로 돌아오는 강변로에 접어들 때쯤이면, 아름다운 자연풍광을 보면서도 마냥 행복하지만은 않았다.

사무실 주차장에 주차하다 보면 이미 퇴근 준비하는 다른 선배·동료들과 마주치기 일쑤였다. 사무실에 올라가면 급여지급 준비작업을 하고 있던 경리 여직원이 장부 기장해서 결제 요청을 해온다. 여자상업고등학교를 갓 졸업한 신입 경리직원인지라, 하나부터 열까지 가르쳐 가면서 일을 시켜야 했다. 점점 짜증나고 피곤해진다. 그러다 보면 주차장 관리소에서 연락이 온다. 차를 지상주차장으로 옮겨달라고. 오후 7시 이후에는 지하주차장 셔터를 내려야 한다나!

그땐 회계법인의 감사본부장과 관리본부장 역할을 나 혼자서 모두

해내고 있었던 것이다.

  조직 내에서 승진을 위해서도 아니고 돈을 더 벌기 위해서도 아니었다. 총 인원 30명 내외의 작은 사무실에서 조직상 내 위에 있는 분들은 모두 나보다 10년 연상이었고, 동료 파트너(Partner, 파트너십의 출자임원)들과 계급이나 보너스를 차별화하는 문화도 아닌지라 경쟁할 요인도 전혀 없었다.

  그저 훌륭한 프로페셔널로서 사무실 내의 모든 이에게 롤모델이 되어야겠다는 일념뿐이었다. 체계적인 승진 제도도 보너스 시스템도 없는 사무실이었지만 그 당시 나를 가장 소중한 인재로 인정하는 데 대한 자부심, 그리고 '프로회계사'로서 일에 대한 성취감이 더할 나위 없는 즐거움과 재미를 선사했기 때문이었다.

  37년여의 세월을 '프로회계사'로서 몰입해서 살았고, CEO가 된 이후에도 단 하루도 빠짐없이 프로페셔널로서 작업시간을 수행 업무별로 근무시간표(Time Sheet)를 작성하여 회사의 경영자료로 제출했다.

  돌이켜보면 열심히 일을 하고 또 했지만 내 통장에 언제 얼마가 입금되고 있는지 제대로 들여다보지는 않았다. 그러나 그동안 회계사 업계로서는 두어 차례 제법 돈벌이가 좋았던 때가 있었던 것 같다.

  그 첫 번째는 IMF 유동성 위기가 왔을 때였다. 그때 한 사람의 파트너로서 열심히 벌어들여서 나의 출자금과 잉여금 지분은 소속 회계법인에 상당액이 적립되어 있었겠지만, 불행하게도 대우그룹의 몰락에 따른 손해배상 청구소송 등의 사태로 인하여 소멸되는 회계법인에 매몰되어 버렸다.

그 두 번째 기회는 2007년 이후 IFRS(International Financial Reporting Standards, 국제회계기준) 도입에 따른 회계용역 시장이었던 것 같다.

그러나 중요한 사실은 결코 재물을 추구한 결과가 아니었고, 회계법인 대표이사도 목표로 한 것이 아니라 그냥 열심히 하던 일을 꾸준히 하다 보니 어느 날 여건이 성숙되어 자연스럽게 이루어진 것이었다.

얼마 전 김대중 조선일보 고문의 기자생활 50년 인터뷰 기사를 봤는데, 나와 생각이 같은 대목이 있었다. 그는 1965년부터 25년은 현장에서, 그 후 조선일보 주필이 된 이후엔 칼럼과 사설로 한국에서 가장 영향력 있는 언론인 중 한 명으로 또 당대 최고의 논객으로 주목받고 있는 기자이다.

"기자로서 76세에도 현역인데 그 비결이 뭔가?"라는 질문에 대한 대답이 "기자를 56년 동안 해보겠다고 목표를 세워 추구한 게 아니라, 그냥 하다 보니 여기까지 온 거다. '쟁이'로서의 본분을 지키려고 노력했을 뿐이다."였다.

나 역시 '프로회계사'로서의 일생이 남긴 단순한 결과물보다는 직업적인 전문가로서의 활동과정이 훨씬 더 중요했다.

비정한 책임감!

1991년 여름의 한 사건이 파트너십(Partnership)이라는 조직에서 파트너 (Partner, 파트너십의 출자임원)의 책임의식에 관한 전설로, 한동안 회계사들 입에 오르내렸다.

나는 여느 날처럼 조간신문을 펼쳐든 순간 자신의 눈을 의심했다. 한 강의 청평 댐 근처 다리에서 부도위기에 몰린 P기업 홍 회장이 투신자 살 했다는 것이 아닌가. 수원 소재 P기업 그룹은 지난 수년간 애를 써 서 어렵사리 개발한 고객이었다.

중견기업 그룹사인 P기업 및 그 관계회사들에 대하여 이미 감사업무 는 다 끝내놓고서도, 회사 자금사정이 어렵다고 하여 무려 5천만 원(당시 로서는 꽤 큰 수수료 규모였음)이나 되는 감사수수료를 여태 한 푼도 못 받고 있는 상태였다. 그런데 회장이 자살을 하다니, 이런 낭패가 있나!

나는 초상집 문상을 하러 가는 건지, 미수 상태의 감사수수료를 받으

려고 하는 건지, 따질 겨를도 없이 일단 분향소가 차려졌다는 수원 공
장으로 차를 몰았다. 마침 장마철이라 장대비가 퍼붓는 바람에 시계 제
로인 경부고속도로를 정신없이 내달렸다. 게다가 당시 신임 파트너인지
라 폐차 직전의 고물 자가용 승용차를 겨우 타고 다녔는데, 폭우가 쏟
아지는 상황에서 윈도브러시마저 작동하지 않아 불안하기 짝이 없었다.

겨우겨우 수원 소재 P기업 본사에 도착하니 벌써 빨간 띠를 이마에
두른 공장 근로자들 수백 명이 농성을 벌이고 있었고, 회사 직원들은
정문을 걸어 잠그고 외부인 출입을 통제하고 있었다. 가까스로 회사 안
으로 들어간 나는 다리가 후들거리고 심장이 벌렁거렸지만, 수많은 근
로자들의 농성현장을 빠져나와 회계자금 담당임원을 찾아냈다. 감사
수수료에 대한 약속어음이라도 받아서 법률상의 채권확보라도 하는 것
이 현재로서는 최선의 목표였다.

저간의 사정을 들은 담당임원의 말인즉, 자기는 이미 자금관리에서
손을 뗀 상태라면서 분향소에서 상주 역할을 하고 있는 고인의 처남
이 남은 어음용지 일체를 관리하고 있다고 귀띔해 줬다. 분향을 하는
둥 마는 둥 서둘러 마친 나는 염치 불구하고 처남을 붙들고 통사정을
했다.

"감사업무를 종료하고도 수금을 전혀 못했다고 하면 동료 파트너 회
계사들이 나를 금전적으로 의심할 수도 있습니다. 억울한 일이 생기지
않도록 꼭 좀 도와주세요."

차마 입이 떨어지지 않았으나 달리 방도가 없었다. 다행히도 그 처남은 나의 입장을 이해하고 선선히 감사수수료 전액에 해당하는 어음을 끊어줬다. 비록 P기업이 그 후로 법정관리를 거치면서 현금으로 수금하기까지 여러 해가 걸리긴 했지만, 하마터면 감사업무를 일껏 다 해주고서도 한 푼의 수수료도 건지지 못할 뻔했던 것이다.

이런 해프닝은 회계법인 업계에서 자주 일어나는 일은 아니라 해도, 언제든지 닥칠 수 있는 일이다. 내가 고객사 CEO인 홍 회장의 자살사건을 접하고서 경황없이 폭우를 뚫고 초상집으로 차를 몰았던 것도, 따지고 보면 지극히 반사적이고 본능적인 것이었다. 더구나 분향소에 찾아가서 상주에게 어음이라도 달라고 매달렸으니, 어찌 보면 돈키호테 같은 짓을 한 셈이었다.

당시에는 회계법인의 미수금 관리시스템이 제대로 짜여 있지도 않았을 뿐더러, 법인의 운영관행으로 봐서도 그냥 "고객회사가 부도나서 수금할 수 없었다."고 설명하면 그만이었을 텐데 말이다.

이처럼 염치나 체면을 불구하고 자기의 책임을 완수하겠다고 나선 것은 결국, 파트너십 회사에서 파트너의 한 사람으로서 회사에 끼칠 손실에 모든 생각이 꽂혔던 덕분이다. 좋게 말하면 주인의식의 발로였다고나 할까.

한 고비를 넘기고 나서, 나는 자신이 저지른 비정(非精)한 행동이 결국 한 사람의 파트너로서 제때제때 계약금 중도금을 수금했어야 하는 기본

임무를 소홀했던 것에서 비롯된 것임을 깊이 반성했다. 왜 역사가 오래된 'Big 4' 회계법인들의 실무지침에서 업무 진행도에 따라서 반드시 제때에 청구서 발송과 수금을 하도록 못 박고 있는지를, 이런 사건을 직접 겪고 나서 뼈저리게 체득하게 된 것이다.

Professional

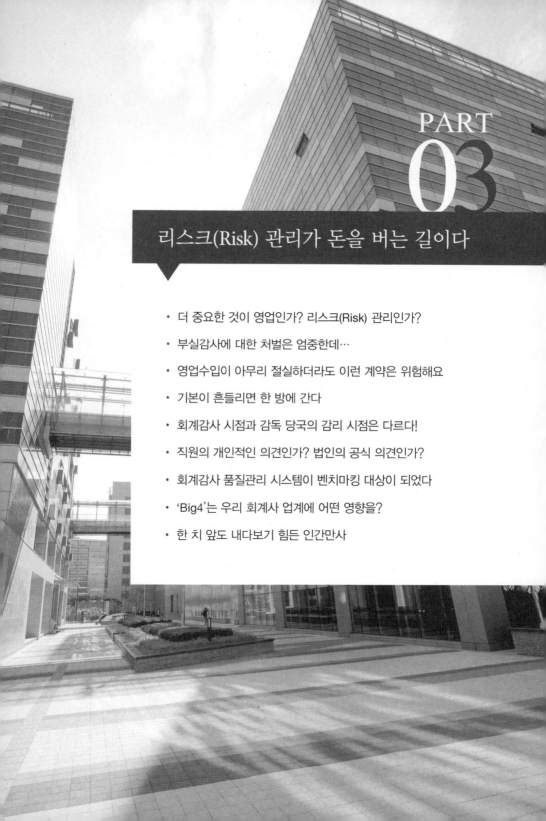

PART 03

리스크(Risk) 관리가 돈을 버는 길이다

더 중요한 것이 영업인가?
리스크(Risk) 관리인가?

　어떤 종류의 수익사업도 사업상 리스크(Risk)가 없는 사업은 없으며, 수익은 크고 작은 사업상 위험에 대한 대가라는 면이 없지 않다. 그러나 공인회계사가 공공성이 있는 업무를 수행함에 따르는 사명감과 직업윤리를 저버리고, 당장 탐나는 수수료만 보게 되면 반드시 파멸이 온다. 요행을 바라고 작은 것을 탐내면 안 된다.

　등산장비를 생산하여 국내뿐 아니라 세계시장을 성공적으로 공략하고 있는 B기업의 K사장은 등산을 얘기할 때 "산에서 '대충'은 곧 '죽음'이다."라고 하면서 등산장비를 생산하는 기업의 사명감을 강조하고 있다.
　'프로회계사'가 고객을 위해서 전문가적인 서비스를 함에 있어서도 '대충' 할 수는 없는 법이다. 회계사가 단순히 회계와 감사 실무에만 익숙해서는 곤란하며, 전문가적인 서비스의 품질 관리와 전문가로서의 윤리의식과 도덕성에 있어서도 흠결이 없어야 한다.

이 세계에서도 '대충'하면 '죽음'이다. 더더욱 개인 공인회계사(Certified Public Accountant, CPA)뿐만 아니라 소속 법인의 운명이 걸려 있다. 1%의 실수가 100%를 망칠 수 있는 것이다.

외국과 합작기업인 어느 대기업을 회계감사 했고, 우리가 발행한 회계 감사 보고서에 대하여 수년 후 사후 감리를 하는 관계 당국과 의견 충돌이 있었다. 회계연도 중에 감사 대상 회사가 인수한 어떤 회사의 장래 초과 수익력과 영업권에 대한 회계감사인의 판단이 너무 적극적인 회계(소위 'Aggressive Accounting')를 수용했다고 보고 감리 당국이 문제를 제기한 것이었다.

갑론을박 끝에 감리 담당자는 감사 대상 회사의 외국인 CEO가 초과 수익을 뒷받침하는 서면자료를 제시하면 감사인의 주장을 인정하겠다고 했다. 그래서 우리는 그 회사가 이 정도는 당연히 협조해 줄 것으로 믿고 이젠 감리 문제가 해결되는구나 하는 안도감을 가졌다. 그러나 문화 차이 때문인지, 외국에서의 행위 하나하나가 조심스러운 처지라서 그랬는지는 몰라도, 그 외국인 CEO가 서면자료나 확인서 제출을 거절했다. 그래서 우리 회계감사 팀 멤버들은 어려운 고비를 더 많이 겪을 수밖에 없었다.

감사하는 시점에서의 고객과의 협력관계가 세월이 흐른 후에는 변할 수도 있고, 담당 임원도 바뀐 후일 수도 있으니, 만일의 경우에 대비하여 사전에 확인서 등 입증자료를 철저하게 확보해 두어야 한다는 것을 다시 한 번 깨닫게 되었다. 결국 본건에 대한 감리 당국의 감리가 종결될 때까지는 근 2년이 소요되었다. 감리 당국의 감리과정에서 담당 파트너, 매니저들은 많은 시간을 소비하게 되었고 엄청난 Time Cost를 지불한 셈이었다.

영업과 리스크 관리! 어느 한쪽도 기울어지면 지속가능한 경영을 할 수가 없을 것이다!

다음은 영업확대와 수입증대를 눈앞에 두고도 유혹을 뿌리친, 리스크 관리 측면에서 현명한 결정을 했던 성공사례들이다.

사례 1

1990년대 말에 많은 금융기관들이 IMF 유동성 위기를 겪으면서 거액의 이월결손금이 발생했다. 그 후 세법에서 손금으로 인정해 주는 기간 내에 충분한 사업이익이 발생하지 않아서 그 이월결손금 중에서 상당한 부분을 법인세법상 영원히 손금으로 사용하지 못하게 되는 상황이 발생하였다.*

* 세법에서는 사업 손실이 발생한 후 일정기간 안에 사업이익이 발생하면 납부할 법인세 및 소득금액을 계산할 때, 과거의 이월결손금을 손금으로 인정하여 차감해 준다.

2002년경 세무상 이월결손금을 차후년도에 최대한 많이 사용할 수 있도록 제3의 해외 금융거래를 인위적으로 발생시키는 방법으로, 절세방안을 연구해 줄 수 있겠느냐는 의뢰가 들어왔다. 컨설팅수수료가 향후 수년간 해마다 수십억 원씩 발생하게 될 프로젝트로서 세무컨설팅본부로서는 외면하기 힘든 유혹이었다.

법적인 외관은 세법이 요구하는 조건을 구비했다고 할 수 있지만, 우리는 사실상 외국의 제3자와 인공적인 거래를 조작한 '탈세행위'가 된다고 판단하였다.

이에 따라 한 세무업무 담당 파트너가 옳지 못한 컨설팅 기회를 두고 유혹받고 있음을 알고 제지했던 일은, 지금에 와서 돌이켜봐도 참 다행스런 일이다. 그때 이러한 직업적인 전문가로서 반윤리적인 모험을 막지 못했더라면, 그 개인 파트너뿐만 아니라 회계법인의 운명에 치명타가 될 수도 있었을 것이다.

당시 후배 파트너들이 엄청난 컨설팅 수입을 포기하고 순순히 따라와 준 것이 고마울 따름이다.

사례 2

2002년 말 자산총계 2천억 원, 재고자산 3백8십억 원.

2002년 당기 순손실 8백5십억 원, 순자본 마이너스(−) 2백2십억 원인 상장회사의 재무제표에 대해서 적정의견을 요구받고 있었다.

우리나라의 큰 재벌 그룹사의 계열회사로서 그룹 총수가 직접 영향력을 행사해 오고 있는 실정이었다. 그러나 회사는 농기계, 트랙터, 경운기 생산업체로서 재고자산 수불부(受拂簿)조차 제대로 기록·유지하지 못하고 있는 상황이었고, 회계감사 담당자들이 결산 이전에 여러 가지 자문과 사전 지도를 했지만 마지막 순간까지도 감사인을 만족시키지 못하고 감사 위험을 해소할 수 있는 여건을 전혀 이루어 내지 못하고 있었다.

J회계법인(이하 '법인')의 최고경영층은 큰 고객의 총수로부터 감사의견에 대한 부탁을 받고 영업상의 고충을 감안하여 최대한 재검토해 보자는 회의를 했으나, '법인'에서 발행하는 감사보고서의 품질을 최종적으로 총괄 관리하는 심리실장은 도저히 적정의견을 낼 수가 없다는 견해를 굽히지 않았다. 결국 2002년 감사보고서에 한정의견을 내고, 그때 이후 '법인'은 그 재벌 그룹사와 상당한 기간 거래가 끊어졌다.

그 후 '법인'의 영업 전략회의 하는 자리에서 그 그룹사를 영업 타깃으로 해야 하는 상황을 맞이할 때마다, 심리실장은 마음이 편치 않았다. 심지어 2009년 어느 날 영업 전략회의 자리에서 그 그룹사의 영업을 위해서 힘쓰고 있는 동료 파트너들로부터, 그 회사가 아직도 법인에 대해서 불쾌한 인상이 남아 있어서 어려움이 많다는 불평을 듣기도 했다.

그러나 결과적으로 그때의 심리실장으로서의 결정은 자기가 소속한 법인과 모든 임직원을 위해서 잘한 일이었다. 오늘날 그 회사는 워크아

웃(Workout)을 진행 중이며, M&A(Mergers & Acquisitions, 인수합병) 시장에 매물로 나와 새 주인을 찾아야 하는 상황이라고 한다.

　요컨데, 감사 위험을 고려하지 않고 돈 버는 데만 열중하는 것은 소탐대실(小貪大失)이며, 동료 파트너(Partner, 파트너십의 출자임원)뿐만 아니라 모든 임직원의 미래를 고통스럽게 하는 일이다. 고객 회사로서는 요청사항을 거절하는 감사인에게 당장은 서운한 감정이 있겠지만, 그럴수록 더 정성껏 그리고 꾸준히 고객회사에게 감사인의 입장을 설명하고 이해를 구해야 할 것이다.

　'프로회계사'는 장기적인 안목으로 프로로서의 철저한 직업윤리를 지켜 나가야 할 것이고, 눈앞의 영업에 현혹되어 리스크 관리에 소홀하여 회사의 운명을 그르치는 사태가 없도록 명심해야 한다.

부실감사에 대한 처벌은
엄중한데…

공인회계사는 기업의 회계보고를 감시하는 시장경제 파수꾼이다. 기업이 작성한 재무제표의 적정성을 독립적으로 검증하고 감사의견을 표명한다. 우리 사회에서 회계사 제도가 제대로 사회적 기능을 다할 수 있으려면, 회계감사인이 그 직업윤리와 직업적인 전문가로서의 자존감을 목숨처럼 소중하게 지켜야 할 것이다.

감사인의 부실감사에 대한 처벌에는 우선 금융위원회의 행정벌로서 고의성 유무와 과실·중과실의 정도에 따라서 주의, 경고, 감사업무 참여제한, 검찰통보 및 직무정지 건의 등이 있다. 또한 외감법(주식회사의 외부감사에 관한 법률)과 자본시장법(자본시장과 금융투자업에 관한 법률), 집단소송법 및 민법에 의거하여 민·형사상의 불법행위 책임을 지게 된다.

단순하게 회계기준이나 감사기준을 잘못 해석 혹은 적용한 경우와는 달리, 감사인이 직업윤리와 프로로서의 기본정신을 훼손하고 고의 혹은 중과실로 판단되는 부실감사를 한 경우에는 형사처벌까지도 받게 된다.

　1999년 우리나라 3대 재벌그룹이었던 대우그룹이 몰락하고 '23조 원의 분식회계' 사실을 회계감독 당국이 지적했다. 이로 인해 많은 회계감사인들이 고통을 받은 바 있다. 대우자동차(주)와 대우전자(주) 등 다른 대우그룹 회사의 감사법인들도 모두 관계 당국으로부터 상응하는 처벌을 받았지만, 내가 소속된 회계법인의 2명의 동료 파트너들이 (주)대우와 대우중공업(주) 감사를 담당했고, 그들이 일생에서 가장 험악한 고비를 겪고 있는 것을 가까이에서 직접 보아왔던 것이다.

　그해 겨울 검찰조사를 받고 있던 감사책임 파트너 중 한 사람이 건설회관 16층 복도에서 15층 자기 사무실로 내려갈 때 ↓버튼을 눌러야 함에도 ↑버튼을 누른 채 넋을 놓고 기다리고 있는 장면을 보았다. 안타깝기 그지없고 기가 막혔다. 내가 옆에서 흔들며 정신 차리라고 일깨워 줘야만 했던 그 순간을 영영 잊을 수가 없다.

　(주)대우를 감사했던 회계사가 대검 중수부에서 수개월간 밤샘 조사를 받은 후 매일 새벽녘이 되어서야 귀가했는데, 엄동설한에 택시를 기다리면서 인적 없는 아스팔트 길 위에서 만감이 교차하더라는 얘기를 전해 듣고 가슴이 무척 아팠다.

　(주)대우와 대우중공업(주)을 감사한 회계법인은 금융감독위원회로부

터 6개월간의 업무정지 처분을 받고, 담당 책임회계사 A는 회계사 자격
취소, B는 회계사 자격정지 처분을 받았다. 우리나라에서 공인회계사의
회계감사 제도가 창설된 이래 가장 엄중한 처벌이었고, 회계사 업계에 엄
청난 충격을 안겨준 역사적 사건이 되었다. 2000년 당시에는 감사인의
비례책임제도도 정립되어 있지 않았고 감사인과 분식회계를 실제 수행한
회계담당자와의 책임 구분도 제대로 정돈되어 있지 않았던 상황이었다.*

분식결산을 저지른 회사의 경리책임자보다 이를 밝혀내지 못한 외부
감사인이 더 엄중한 벌과 비난을 감수해야 하는 상황도 있었던 것 같다.

그 책임 회계사들은 금융감독위원회의 행정벌 이외에 검찰 고발과 법
원의 판결 결과 6개월 징역, 1년 집행유예 처분을 받았다. 아마도 감사
인이 부실감사를 함에 있어서 고의 혹은 중과실이 있다고 봐서 형사처
벌을 판시한 것으로 보인다.

물론 그 후에 회계감사법인에 대한 손해배상 청구소송도 뒤따랐다.

담당 검찰관이 수개월간에 걸친 책임 회계사들에 대한 심도 있는 자금
흐름에 대한 수사를 끝내고, 피의자들에게 인간적인 실토를 했다고 한다.

"수십 조의 분식결산을 묵인하고 그 몇 % 정도의 뇌물이라도 받았을

---

* 2013년 말에 비례책임제도가 법제화되었음. 주식회사 외부감사에 관한 법률 제17조(손해배상책
임) 제4항 "감사인이 회사 또는 제3자에 대하여 손해를 배상할 책임이 있는 경우에 당해 회사의
이사 또는 감사(감사위원회가 설치된 경우에는 감사위원회 위원을 말한다)도 그 책임이 있는 때
에는 그 감사인과 당해 회사의 이사 및 감사는 연대하여 손해를 배상할 책임이 있다. 다만, 손해
를 배상할 책임이 있는 자가 고의가 없는 경우에 그 자는 법원이 귀책사유에 따라 정하는 책임
비율에 따라 손해를 배상할 책임이 있다. (개정 2013.12.30)"

것이라고 의심했었는데, 한 푼도 못 챙겼구먼! 회계사들은 참 한심한 사람들이네."

결국 당시 'Big 5'('Big 4' + 현재는 소멸된 Arthur Anderson & Co.) 중의 하나였던 D회계법인이 공중분해 되고 소속 임직원 약 500명은 뿔뿔이 흩어지는 운명을 맞게 되었다.

고의로 부실감사를 했다고 보아 형사처벌까지 받게 된 몇 가지 부실감사 사례를 보면 다음과 같다.

감사인이 회사와 공모한 경우

사례 1

A회계법인의 회계사는 B회사의 재무제표 감사를 담당하였고, B회사의 재무제표상 선급금과 장기대여금이 송금자료 등 증빙서류가 전혀 없는 허위기재임을 알았으나, 계속적인 감사계약 수주 등을 고려하여 이를 묵인했고, 더 나아가 1차 재무제표상의 선급금 항목의 금액이 너무 커서 허위임을 의심받을 수 있다고 수정을 지시하여, 회사가 그 중 상당한 금액을 장기 대여금으로 대체하여 그 회계사에게 제출하였다.

회사의 경영진과 감사인인 공인회계사가 공모하여 회계처리 기준에 위반하는 허위의 재무제표를 작성·공시하였다고 판단하여 "형법상 피 감사회사의 경영진과 공인회계사를 공동정범으로 인정, 외감법에 따른 3년 이하의 징역 또는 3천만 원 이하의 벌금에 처할 수 있다."라고 서울중앙지방법원과 항소·상고심에서 판시했다.

사례 2

코스닥 상장회사인 양계 가공업체 A사의 대주주가 상장폐지를 피하고자 300억 원대의 분식회계를 하고 거액의 회사 돈을 빼돌린 경우로, 대주주에게 돈을 받고 분식회계를 주도한 회계법인 공인회계사 5명, 변호사 1명, 채권자 3명 등 모두 10명이 외감법(주식회사의 외부감사에 관한 법률) 위반으로 불구속 기소되었다. 이 중 외부감사인인 B회계사는 허위 재무제표를 작성해 주는 방법으로 이 회사의 분식회계를 주도하고 사례비 1억1천만 원을 받아 챙긴 혐의도 받고 있다.

감사인이 고의로 회계분식을 묵인·방조했다고 판단한 경우

사례 1

- A회사의 대표이사가 당기 순이익 목표액을 제시하면 실무자들이 그 목표액에 맞추어 재무제표 초안을 작성하고, 감사인이 회계분식에 필요한 조언을 하여 매년 재무제표를 허위로 작성하였다. 또한 거래회사들에 발송한 채권조회서에 대한 회신이 모두 도착하지 않은 상태에서 서둘러 감사를 종료하고 감사보고서를 작성하였다.

- "회계분식 가능성을 보여주는 여러 표지를 인식하였음에도 불구하고 감사범위를 확대하거나 감사방법 또는 그 절차를 변경하여 부정한 회계처리 사항을 확인하는 조치를 취하지 않았으므로, 회사의 회계처리 기준위반을 묵인하거나 더 나아가 회사와 공모하여 회계처리 기준에 반하게 재무제표를 작성하게 하였다고 인정된다."라고 판시하였다.

사례 2

B저축은행 그룹의 2년간 분식규모는 총 2조4,533억 원이다. 검찰에 따르면 그룹은 이자 연체중인 PF사업장에 신규대출을 실행한 후 그 연체이자를 갚아 부실을 감추는 등 평소에 일상적인 회계분식을 해왔다.

B저축은행은 부동산 PF(Project Financing) 대출을 해주면서 금융자문 수수료라는 변칙적 계정을 만들어 수년 동안 연간 400~800억 원 가량씩 수익을 올린 것처럼 회계처리 했다. 지난 2008~2010 회계연도에 매년 10여 건씩 금융자문을 해주고 건당 10~100억 원 이상씩의 수수료를 챙긴 것처럼 조작했다. 연간 400~800억 원에 이르는 금융자문 수수료는 전체 수익의 4분의 1, 이자수익의 3분의 1에 해당하는 큰 규모다. 더구나 저축은행 영업 팀에는 변호사·회계사·부동산개발전문가 등 고가의 자문수수료를 창출할 전문가도 없었다. 따라서 정상적인 외부감사인이라면 금융자문 수수료의 수익 인식, 미실현 이익(미수금 채권)의 실재 여부, 장기간 미회수된 상황 등을 체크하고 감사범위 확대 등의 조치를 취했어야 마땅하다.

B저축은행 관련 부실감사로 공인회계사 2명이 각각 징역 1년을 선고받고 법정 구속되었다. 공인회계사가 부실회계 감사로 실형을 선고받고 수감된 것은 처음이다. 그간 회계부정을 묵인한 회계사에 대한 형량은 벌금형이나 집행유예에 그쳐왔다. 분식회계의 내용이 있다는 점을 구체적으로 알지 못했더라도 재무제표에 영향을 미칠 중요한 부정이나 오류의 가능성을 보여주는 여러 지표를 인식했음에도 감사범위를 확대하지 않고 적정의견을 표명한 것은, 분식회계 사실을 알고 있었거나(확정적 고의) 적어도 용인·묵인했다(미필적 고의)는 게 당시 1심 재판부의 판단이었다. 과거에는 '대가성' '고의성' 입증을 해야 했으나, 이 경우는 의심되는 정황이 있음에도 추가절차를 수행하지 않은 것을 '미필적 고의'로 보아 형사처벌한 사례이다.

회계사가 고객회사와 공모하거나 회계사가 고의로 부실감사를 한 경우뿐만 아니라, 중과실 혹은 경과실인 경우에도 그 부실감사의 파장이 크고 결과적으로 온 국민들과 사회에 큰 피해를 입히는 사태가 생겼을 때에는 상당한 처벌을 받게 될 수밖에 없는 것 같다. 감사대상 회사가 회계 부정을 주도하여 분식결산을 하고, 감사인이 회사의 주도면밀한 사기극에 속아 넘어간 경우에도 엄중한 처벌을 받게 되는 것이 현실이다.

어떤 중소기업체에서 경리책임자가 회사의 어음을 횡령한 사건이 있었다. 현장의 회계감사 실무자가 어음을 실사할 때 고객회사 경리책임자에 대한 '합리적 의심'을 하지 않고 어음 재고 조사를 소홀하게 실시했기 때문에 미리 발견할 수 있었던 횡령의 단서를 놓친 것은 아닐까 하고 아쉬워했던 일이 있었다.

사실 큰 감사실패 사례는 직접조회, 확인, 실사입회 등과 같은 감사인으로서 가장 기본적인 감사절차를 가볍게 여기는 것이 화근이 되는 경우가 의외로 많다. 대단한 선진감사 기법을 적용하지 못해서가 아니다.

'프로회계사'로서 회계감사를 실시함에 있어서 기본적인 절차일수록 더욱더 철저하게 그리고 빈틈없이 수행해야 할 것 같다.

영업수입이 아무리 절실하더라도
이런 계약은 위험해요

　　1990년대 대우그룹의 내부관리 시스템을 보면 '1인 회사' 스타일의 경영이었기 때문에 정상적인 내부통제 시스템이 작동하지 않았던 것 같다. 이런 관점에서는 회계감사인의 소위 '정규의 감사절차에 의한 감사' 역시 불가능했다고 생각된다.

　　대우그룹 총수가 해외 자금관리를 관계임원 등 중간관리자와 정상적인 관리 시스템을 무시하고 현장 실무자에게 직접 지시하는 등, 조직 내부에서 내부관리와 견제 시스템이 전혀 원칙대로 작동하지 않았다. 여기에 최고경영자가 회사의 시스템을 무시하고 자의적으로 운영하는 소위 '권한남용(Management Override)'이 풍미하고 있는 조직문화였다. 이론적으로 보면 회계법인은 당초에 대우그룹 회사와 회계감사 계약 자체를 거절했어야 옳았다고 볼 수도 있다.

　　그러나 실제로 90년대 말 대우그룹이 몰락하기 전에는 대형 회계법인들이 온갖 경로를 통하여 대우그룹 총수 및 최고 경영층, 심지어는 이들에게 영향력을 행사할 수 있는 유력인사들에게 접근하는 등, 회계감사 계약을 위한 치열한 수주 경쟁이 있었다. 당시 대우그룹 주력회사 감사인이었던 D회계법인은 이 감사고객을 지키기 위해서 해마다 긴장했을 것이다.

이미 회계감사 계약을 해둔 상황이라면, 회계감사 담당 파트너가 사실상 1년에 대부분의 시간을 해외시장에서 보내는 그룹 총수를 불러놓고 며칠씩 회계감사를 하겠다고 붙잡을 수도 없는 현실이었으니, 중요한 감사절차를 수행하기 어려움을 이유로 감사의견을 거절했어야 했다!

근래에 사회문제까지 되고 있는 상호저축은행의 경우에는 어떤 회계법인은 아예 감사계약 자체를 하지 않고 수년간 영업수입 기회를 포기해 왔다. 이는 그 회사 감사인으로서 발생할 수 있는 감사위험(Audit Risk)을 평가해 본 결과 회계법인이 감사수입을 얻는 이익(Benefit)보다 그 위험(Risk)이 더 크고 감당할 수 없는 정도라고 판단했기 때문일 것이다.

회계법인이 최상의 서비스 수준과 브랜드 가치를 지켜 나가야 '지속적 성장(Sustainable Growth)'을 할 수 있을 뿐만 아니라, 사회가 기대하는 '프로회계사'로서의 기능을 제대로 하는 길이 된다는 믿음을 가져야 한다.

회계법인의 회계감사라는 업무는 본질적으로 수수료는 피 감사회사로부터 받으면서도 회사의 이해 관계자들에게 투명한 정보를 제공해야 하는 공공적인 성격의 서비스이기 때문에, 회계사들이 특별한 어려움을 감내해야만 하는 것이다.

1980년대 후반에 당시로서는 회계사 업계에서 법인세 세무조정 용역 중 작업량도 많고 복잡하여 수수료 규모가 가장 컸던 모 은행의 세무조정 용역을, 해마다 수행해 오고 있었다.

단순한 세무조정 계산서 작성 이외에도 여러 가지 세무자문을 제공해서 많은 도움을 주고 있었던 바람직한 고객관계였다. 그런데 어느 날 새로 부임한 그 은행의 회계책임자가 KICPA(Korea Institute of Certified Public Accountants, 한국공인회계사협회)의 표준 세무조정 계약서 문안을 무시하고, 만약 은행이 과세 당국으로부터 법인세를 추징당하고 가산세를 물게 되면 과실의 종류를 불문하고 세무조정자가 모든 책임을 지도록 계약할 것을 요구했다.

즉 KICPA 표준 세무조정 계약서 문안에 있는 '고의·중과실'을 '고의·중과실·경과실'로 고쳐서, 어떤 경우에라도 추징세액만 발생하면 세무조정자인 회계법인이 책임지도록 계약서를 작성할 것을 요구했다. 은행 측 실수로 원시 자료작성에 착오가 있어서 추징세액이 생기더라도, 일체의 추징세금에 대한 책임은 회계사가 부담하고 '甲'은 떠안지 않도록 장치를 만들겠다는 것이었다.

법인세 세무조정 제도의 취지를 보면 세무조정자가 세금을 최종적으로 결정하게 되어 있는 것이 아니고, 최종 결정기관인 과세 당국과 납세자를 도와주는 세무전문가로서 납세자가 생성하고 제시한 소득 자료를 토대로 하여 세법 적용을 자문해 드리는 것이었다.

나는 세무조정 제도의 취지에도 어긋날 뿐만 아니라 엄청난 금전적 리스크(Risk)를 감당해야 하는 그 계약을 거절했고, 1985년 당시 업계에서 세무조정 계약으로서는 가장 큰 계약을 포기할 수밖에 없었다. 세무조정 제도의 기본개념과 상식에 어긋나는 무리한 요구였다.

그때의 회계책임자가 사실은 회계사 자격증 소지자였고, 지금은 그 은행에서 퇴임하고 '甲'의 입장을 떠나서 어떤 회계법인에 몸담고 회계사업에 종사하고 있음을 알고 나서는 묘한 느낌이었다. '이제 그도 '乙'의 입장을 고려하지 않고 무리한 요구를 하는 일부 고객들이 우리들에게 주는 당혹감을 가끔 경험하고 있겠구나!' '역지사지의 교훈을 잊지 말아야겠다.' 하는 생각이 들었다.

영업수입이 아무리 절실하더라도 그 이익보다 위험이 더 크다면, 용역계약을 거절하는 것이 옳은 길이라고 생각한다.

기본이 흔들리면 한 방에 간다

1999~2000년 기간이 나의 회계사 일생에서 가장 불행했던 세월이었다. IMF 유동성 위기상황에서 대우그룹이 몰락한 것이다. 당시 내가 속했던 회계법인이 그 그룹의 주력회사 감사인이었기 때문이다.

1999년에 회계감독 당국에 의하여 부실감사로 결론이 나면서, (주)대우와 대우중공업(주)의 회계감사 책임 파트너(Partner, 파트너십의 출자임원) 및 담당 매니저(Manager, 부장 직급의 회계사)들은 공인회계사(Certified Public Accountant, CPA) 자격취소 혹은 자격정지 등의 행정벌을 받았고 두 책임 파트너들은 형사처벌까지 받게 되었다.

그뿐만 아니라 내가 속한 회계감사 법인은 회계감독 당국으로부터 업무정지 6월의 처분을 받았으며, 대우그룹의 채권은행 등으로부터 손해배상 청구소송을 받게 되어 결국 법인은 공중분해 되고 말았다. 수백명의 임직원이 하루아침에 소속한 법인이 없는 신세가 되고 뿔뿔이 흩어져서 제 갈 길을 찾아 나서게 된 것이다.

우리나라가 1960년대에 시작한 정부주도형 경제개발정책이 '한강의 기적'을 일구어 내는 과정에서 급성장한 상당수의 대기업 그룹들이, 과대한 금융지원에 의존하며 지나치게 공격적인 경영을 해왔던 것이었다. 1997년 아시아 지역에 불어 닥친 유동성 위기 사태의 영향으로, 당시 우리나라 5대 재벌그룹에 속하던 대우그룹이 '대마불사'의 상식을 뒤집고 몰락하고 만다.

대우라는 큰 기업의 실패가 초래한 수십만 명의 대량 실업자 발생과 금융기관·주주들에게 미친 손실들을 경험하고 보니, 어떤 사회공헌이나 기부활동보다도 기업은 계속 기업으로서 살아남도록 경영해 나가는 것이 가장 중요한 사회적 책임이 아닐까 하는 생각이 들었다.

회계감사를 담당했던 회계사들에게는 투자자 보호를 위해서 제대로 감사의견을 내지 못한 책임을 엄중하게 물을 수밖에 없었고, 더 나아가서 같은 회계법인에 몸담고 있었던 모든 임직원들도 그 풍랑에서 자유로울 수가 없었다.

당시의 회계법인의 파트너들은, 예컨대 채권은행들의 손해배상 소송을 받게 되면 파트너 이외에 동료 파트너들도 함께 연대책임을 지게 되어 있었다. 이 때문에 수십 년 동안 일해서 회계법인이라는 파트너십에 출자임원으로서 출자금을 납입해 뒀고 작은 아파트 한 채 일구어 놨는데, 법인에 납입해 둔 출자금은 물론이고 그 집에서까지 내몰릴 가족을 생각하면 끔찍한 일인지라, 가히 심리적으로 공황상태에 빠져 있었다.

시골에 있는 어떤 부동산이 자기 명의로 등기는 되어 있으나 집안에서 대대손손 내려오는 종중(宗中) 재산이 있어서 밤잠 못 이루는 선배 CPA도 있었다.

이런 불행을 처음으로 겪어보는 수백 명의 회계사들로서는 물질적 피해와 정신적 충격이 엄청나게 컸다. 이러한 불행은 옆에서 간접 경험하는 것만으로는 짐작조차 하기 힘든 법이다.

그러나 이렇듯 엄중한 사회적 질책을 받은 것이 한편으로는, 한 사람의 '프로회계사'로서 내가 하는 일이 우리 사회에 짐작하기조차 힘든 끔찍한 사태를 발생시킬 수 있다는 것을 온몸으로 체득한 계기가 되었다. 1954년 우리나라 회계사업계가 출범한 이후 가장 큰 사건이었다. 2015년 7월 말 현재 회계사 회원수가 약 18,000명에 이른다고 한다. 모든 개업 회계사들에게 경종을 울리는 결과가 되었고, 어떤 면에서는 우리 회계사 업계가 선진화되고 우리나라 회계 투명성을 제고하게 되는 계기가 되었다고 볼 수도 있다.

J회계법인은 작금에 문제가 되고 있는 상호저축은행의 경우에는 감사 계약 자체를 거절해 왔던 것이다. 지난 10년간 절제해 온 덕분에 요즈음 이와 관련한 마음고생을 않고 사는 것 같았다.

회계사 업계에서는 최근의 저축은행들 같은 대형사고 이외에도 STX 그룹 등의 부실감사 시비에 시달리고 있었는데, 2015년 8월 13일자 조선일보 기사에 의하면 대우건설, 동양그룹사, 대우조선해양 등 분식회계 처리를 발견하지 못한 'Big 4' 회계법인들은 회계감독 당국으로부터 과징금, 손해배상 공동기금 추가적립, 감사업무 제한 등의 각종 징계조치를 받았다고 한다. 그뿐만 아니라 투자자들로부터 손해배상을 요구하는 집단소송을 당할 가능성도 있다고 한다.

감사업무 제한 조치부터 수십 억대 과징금까지

증권선물위원회 산하 자문기구인 감리위원회는 11일 대우건설이 수천억 원대의 분식회계를 한 것으로 드러났다면서 대우건설에 20억 원의 과징금을 부과했다. 대우건설의 외부감사를 맡았던 회계법인은 과징금 10억 원이 부과됐다. 대우건설이 충분히 손실을 추정할 수 있었지만 충당금을 쌓지 않고 회계처리 기준을 위반했는데 회계감사를 담당한 회계법인도 책임이 있다는 것이다.

동양그룹 계열사의 감사를 담당한 회계법인들은 감사절차가 소홀했다거나 부실했다는 지적을 받았다. 동양그룹 계열사에 대한 감사업무 제한과 손해배상 공동기금 추가적립을 하라는 징계를 내렸다.

A회계법인은 지난 2010년부터 3조 원대 분식회계 의혹을 받고 있는 대우조선해양에 대한 외부감사 업무를 담당했다. 2010년부터 최근 5년까지(2014년) 감사의견으로 '적정' 과 계속기업으로서 불확실한 사유가 있는지 여부에 대해서도 '미해당'한다고 밝혔다. 당장 외부에서는 안진을 향해 "그동안 감사하면서 도대체 뭐했느냐"는 비판의 시선을 보내고 있다.

회계법인들은 금융당국의 제재도 걱정되지만, 대규모 투자자 소송까지 벌어질 수 있다는 점에서 부담감을 느끼고 있다. 금융당국이 회계법인에도 책임이 있다고 하는 순간 변호사업계에서는 투자자들을 상대로 집단소송을 부추기는 경우가 종종 생기기 때문이다.

리스크 관리는 비단 회계사 업계만의 이슈가 아니다. 2010년의 도요타 자동차 리콜사태 이후 글로벌 기업의 총수들도 "기본기에 소홀하면 우리 그룹도 한 방에 갈 수 있다."면서 리스크 관리에 온 신경을 곤두세우고 있었다.

2011년 3월 임원 세미나에서 LG그룹 구본무 회장은 도요타의 리콜사태를 언급하며 "품질, 납기, 사용경험 등의 본질적인 고객가치는 그 어떠한 순간에도 타협할 수 없는 고객과의 절대적인 약속"이라며 기본에 충실해야 고객의 신뢰를 유지할 수 있다고 강조했다.

"한 방에 간다!"

우리 모두 명심해야 할 것이다. 의사들의 환자진료, 프로골퍼들의 한 순간의 실수도 마찬가지 아닐까?

회계감사 시점과 감독 당국의
감리 시점은 다르다!

　수년 전 부도가 나서 사회적 물의를 일으킨 A반도체(주)에 대한 검찰 수사 팀에 파견 나갔던 금감원 회계감리국(이하 '감리국') 직원이, 이번에는 J회계법인(이하 '법인')이 발행한 그 회사의 회계감사 보고서를 회계감독 당국의 입장에서 감리하게 되었다.

　회계감사일 이후 수년이 지난 후 주요 수출시장인 중국에서 수요가 격감하여 회사가 도산하는 바람에, 검찰에서 형사사건으로서 공권력을 가지고 수사하게 된 것이다. 검찰 공권력을 가지고 수사를 근 1년간 실시하여 회사를 송두리째 까발리고 난 후였기 때문에, 회계감리 당국은 그 자료와 정보까지도 활용하면서 회계감사인을 감리할 수 있었다. 부도나기 전 정상영업이 되고 있을 때 회계감사를 실시했던 회계사를 상대로 이런 부실한 회사에 왜 적정의견을 표명했는지, 그리고 회계사의 감사절차가 부족한 점이 어디에 있었는지 감리해서 잘못된 점을 지적하고자 하는 형국이었다.

우선 감리국은 감사담당 파트너인 P상무가 회사의 CFO(Chief Financial Officer, 최고재무책임자)와 대학동창이라는 관계에 착안하여 분식결산을 공모한 것으로 의심을 했고, 검찰조사 결과 문제가 된 가공 재고가 있던 창고를 회계감사인의 재고조사 샘플에 포함되지 않았던 점도 분식을 묵인하기 위한 의도적인 행위라고 의심했던 것이었다. 이러한 이유로 감리국은 회계감사인에게 '고의 혹은 중과실'로 인한 부실감사 책임을 확정 지으려고 감리위원회를 개최하기로 하였다. 고의 혹은 중과실로 인한 부실감사인 경우에는 감사책임자는 형사처벌까지 받게 될 상황이었다.

나는 마지막 반론을 제기할 기회를 강력하게 요구했고, 감리국의 이해를 구해 억울하게 큰 벌을 받을 뻔했던 P상무와 그 감사 팀원들을 구해냈던 기억이 난다. 당시의 반론 내용은 다음과 같다.

- A반도체(주)의 CFO와 회계감사 담당 파트너(EP, Engagement Partner)가 대학교 동창이라서 고객관계가 시작된 게 아니라 법인의 A파트너가 과거부터 내려오던 인간관계 때문에 감사고객으로 개발하였고, 회계감사 담당 파트너인 P상무는 회계법인 내부에서 업무 배정받아서 감사실무를 담당하는 실무책임 파트너에 불과했다는 배경설명부터 했다. (담당 회계사와 회사 CFO가 동창관계 인맥으로 감사고객 관계가 설정되었고 정신적인 독립성이 결여된 상황에서 분식결산을 공모한 것

133

으로 심각하게 오해를 받고 있었음을 뒤늦게 알게 되었다.)

- 정규의 회계감사 절차에 의하면, 재고조사는 100% 전수조사가 아
  니라 전문가적인 판단과 통계상의 표본추출 방법에 의하여 표본
  조사를 하게 되어 있다. 회계감사(Auditing)와 조사(Investigation)의
  차이를 인식해 달라고 감리당국에 요청했다. (검찰에 파견 나갔던 감리
  국 직원은 검찰수사 결과 제2창고에 불량재고가 보관되어 있었던 사실을 알게
  되었고, 회계감사 하는 회계사는 왜 문제 있는 제2창고를 굳이 건너뛰고 재고조
  사 샘플 범위에 포함시키지 않았느냐에 의심을 품고 부실감사로 지적하겠다는
  것이었다.)

연세대 손성규 교수는 2013. 6. 5일자 한국경제에 기고한 칼럼에서
"분식회계의 책임과 부실감사의 책임은 구분되어야 한다."고 강조했다.
　"경찰 열 명이 도둑 하나 막지 못한다."는 말이 있듯이 외부 회계감사
인이 회사가 계획적으로 저지른 회계부정을 적발하기는 어려운 것이다.
　부도처리 된 후 청산절차에 진입하고 검찰에서 수사권을 가지고 회사
의 전 재산에 대하여 전수 조사를 한 후에는, 어느 창고의 어떤 재고가
가공 재고인지를 쉽게 알 수 있을 것이다. 마치 한강 바닥을 준설하여
모든 쓰레기 더미를 고수부지 위로 끌어올려 놓은 후와 쓰레기 더미가
한강 바닥에 그냥 깔려 있을 때를 비교하는 것과 같다.
　정상 가동·영업 중에 회계감사를 그것도 샘플 기준으로 정규의 회계

감사 절차를 실시하게 되는 회계감사로서는, 검찰이나 감사원이 공권력을 동원하여 이미 문제가 드러난 기업을 수개월간 전수조사를 하는 경우와 비교하여 볼 때, 분식결산을 가려내기가 쉽지 않다는 얘기이다.

또한, 최근 서울고법은 S자동차(주)의 2009년 대량 해고가 무효라고 판결하면서, 2008년 말 S자동차(주)의 재무제표에서 유형자산손상차손 (결산일 현재의 유형 자산의 공정가액이 취득 당시의 원가에 미달하는 금액) 5,176억원의 일부가 과다 계상되었다고 지적했다.

이와 관련하여 회계감사인은 회사의 회계부정을 눈감아줬다는 의혹을 받고 있다. 자동차시장 전망이 불투명했던 2008년의 회계감사 시점에서 S자동차(주)의 '현금흐름예상'과 이를 기초로 회계결산에 반영한 '유형자산손상차손'에 대한 회계감사인의 판단을, 자동차시장 상황이 엄청나게 호전된 2013년 시점에 와서 판단하게 되면 과거 시점의 감사인으로서는 당혹스럽고 억울한 판결이 될 가능성이 있다.

회계감독 당국이나 법원은 회계감사가 끝나고 상당 기간이 흐른 후에 사후적으로 회계감사인의 부실감사 여부를 판단하게 되기 때문에, 세월이 흘러 경제상황이 달라진 점을 반드시 감안해야 한다. 회계감사 시점인 그 당시의 상황에서 감사인으로서 할 수 있는 최선의 필요한 감사절차를 성실하고 공정하게 실시하였는가 하는 관점에서 판단해야 할 것이다.

직원의 개인적인 의견인가?
법인의 공식 의견인가?

　어느 날 D회계법인(이하 '법인')의 제일 주요한 외국기업 고객 중 한 회사인 N사의 외국인 CFO(Chief Financial Officer, 최고재무책임자)로부터 아주 당혹스러운 이야기를 들었다. N사의 경리과 직원이 회계처리에 대해서 법인의 어떤 직원 회계사와 통화를 했으며 회계기준 적용에 대한 의견을 듣고, 그의 해설이 법인의 공식 견해라고 믿고 회계처리를 잘못하게 되었다는 것이다.

　과거 기업회계 기준에서 예컨대 이연자산(이미 지출한 비용 가운데 다음 회계기간의 비용에 해당하는 것을 그 당해 사업연도 말에는 자산으로 처리하는 부분) 중 개발비는 "개발비의 발생 시점부터 5년 기간 이내에 균등액을 상각한다."라고 규정되어 있었다. 금년에 1/5 해당액을 상각비용 처리해야 하는지? 아니면 5년 기간 범위 안에서 첫해에 1/5 이상의 금액을 상각하고 그 후 해마다 계속적으로 같은 금액만큼 상각처리하면 되는지? 하는 질문이었다.

또한 개발비가 발생한 시점에서 회계연도 말까지의 기간이 1년 미만일 때는 월할상각 해야 하는지? 아니면 그냥 1년 단위로 상각비를 계상하면 되는 것인지? 하는 내용이었다. 당시 그 고객회사의 재무제표상 영향이 크고 중대한 회계처리였기에 정말 난처한 상황이었다.

회계연도 중에 '법인'의 신입 회계사가 고객의 실무자로부터 질문을 받고 한 사람의 회계사로서 자기 나름대로 회계기준 적용에 관한 개인의 의견을 제시했음이 분명하다. 법적으로는 그 직원 회계사가 법인을 대리하는 '표견대리인'으로 볼 수 있느냐는 문제가 있기는 하지만, 더 중요한 것은 고객이 일시적이나마 불편한 상황에 처했다는 것이었고, 우리는 마침 연말결산 전에 이를 발견하고 회계처리를 수정하도록 조치할 수 있었으나 깊이 고객에게 사과 말씀을 드려야 했다.

그 직원 회계사는 자기의 개인적인 견해를 고객회사에서는 회계법인에서 받은 공식적인 유권해석이라고 받아들이는 사태를 미처 예상하지 못했을 것이다.

원래 고객에게 전문가적인 의견을 줄 때에는 반드시 파트너(Partner, 파트너십의 출자임원)인 나의 확인을 받고 의견을 제시해야 함에도 불구하고, 그 직원 회계사가 이러한 업무절차를 제대로 지키지 않았다. 어떤 의미에서는 자기도 대한민국 정부가 부여한 회계사 자격증을 소지한 사람이라는 생각에서 자신감이 넘쳐서, '법인'의 공식의견이 아니라 개인적인 견해임을 분명히 하지 않았던 것도 사실인 것 같다.

비록 고객회사의 말단 신입사원이 질문을 해왔더라도 그 용도를 확인한 후에, 회사의 결산회계를 위한 회계기준의 해석이라면 우선 '법인'의 담당 파트너에게 고객의 질문내용과 그 스태프(Staff) 자신의 검토의견과 함께 보고를 해야 한다. 그리고 파트너의 확인을 받은 후에 고객에게 공식적인 답변을 주는 것이 회계법인의 전문직 요원(Professional)이 지켜야할 업무수행 절차인 것이다.

내가 파트너로서 스태프(Staff) 교육을 완전하게 시키지 못했던 점을 반성했다. 이런 문제점이 꼭 이 스태프에게만 있으란 법은 없지 않은가?

그때만 해도 약 500명의 스태프(Staff), 시니어(Senior), 매니저(Manager, 부장 직급의 회계사), 디렉터(Director)가 활동을 하고 있다는 것을 생각하면 이와 유사한 실수가 다반사로 있을 수 있겠다는 생각에 진땀이 났었다.

회계와 감사에 대한 사내교육을 엄청나게 실시하고 있지만 그 초점이 회계기준의 해석과 적용에 관한 것이었고, 이러한 업무수행 절차에 대한 교육은 소홀했던 것이 사실이었다.

게다가 '법인'의 세무본부에서는 한때 세무업무 담당(Tax) 파트너가 해야 할 세무 컨설팅 의견서 등 산출물의 최종 처리를 그 아래 직급인 디렉터(Director)가 하고 있음을 알고는 깜짝 놀라서 시정하도록 하고, 부족한 세무업무 담당 파트너를 보충하는 조치를 했던 일이 있었다.

고객회사에 내보내는 '법인'의 각종 보고서뿐만 아니라 전문가적인 의견도, 최종 검토와 발행은 반드시 담당 파트너가 직접 수행해야 한다.

회계감사 품질관리 시스템이
벤치마킹 대상이 되었다

　사실상 1997년 말에 아시아 지역에 몰아닥친 IMF 유동성 위기는 공인회계사 업계에 미친 영향이 가히 혁명적이었다. 우선 회계 투명성과 회계감사의 질적인 발전이란 측면과, 회계사 제도에 있어서 엄중한 사회적 책임이라는 측면에서도 그러하다.

　이러한 시대적 요구와 과거부터 내려오던 우리나라 회계감사 환경의 후진성이 충돌한 접점에서, 우리 회계사 업계가 변화와 개혁을 위해서 필사적으로 노력하게 되었다.

　대우그룹 몰락과 함께 그 감사법인 중 하나였던 D회계법인은 청산 소멸되고, 나 자신은 2000년 7월에 J회계법인(이하 '법인')에서 새로운 출발을 하게 되었다.

　그러나 2000년 5월에 회원사 관계에 있는 KPMG Global에서 평가한 '법인'의 품질수준이, 전 세계 150개국 회원사 중에서 꼴찌 5개국에 속한다는 충격적인 소식이 전해졌다. 세계적인 다국적 기업고객을 담당하는 KPMG의 감사 파트너들이 자기네 고객사의 한국 책임자들에게 편지를 보내서, 한국에 있는 KPMG 회원사를 사용할 때는 품질이 우려되니 주의하라고 했다고 한다.

대한민국의 '프로회계사'로서 자존심에 엄청난 상처를 받은 나는, 동료 파트너들과 함께 이를 악물고 우선 이들 KPMG 회원사들로부터 신뢰를 회복하기 위한 노력을 경주했다.

그동안의 회계감사 실무경험을 바탕으로 해서, D회계법인 몰락의 쓰라린 고통을 거울삼아 약 2년을 소비하여 한국 회계사 업계에 모범이 될 수 있는 감사 품질관리 시스템을 구축하였다. 모든 동료·후배 감사(Audit) 파트너 및 세무(Tax)·컨설팅(Consulting) 파트너들의 품질관리와 리스크 관리를 도와서 회사의 지속적 성장(Sustainable Growth)을 위한 발판을 만든 것이다.

2002년 이후에는 KPMG Global의 연례감사 서비스 품질검사에서, 법인이 아시아·태평양 지역의 회원사 중에서 1등급에 속하는 우수회원사라는 평가를 받게 되었다.

그 후 한국회계감독 당국의 '조직감리'에서도 매번 최우수 등급의 판정을 받았다. IMF 유동성 위기를 거치면서 감사품질 관리에 대해서 회계사 업계 전체가 비상한 관심을 가지고 있었기에 법인의 품질관리 성공사례가 화제가 되었고, 나름대로 품질관리 시스템을 잘 갖추고 있던 다른 'BIG 4'(국제적 규모의 4대 회계법인과 업무제휴한 회계법인) 회계법인들까지도 법인의 품질관리 시스템과 리스크(Risk) 관리제도를 벤치마킹하게 되었다.

2005년 9월 13일에 와서는 한국상장사협의회와 한국공인회계사회에서 실시하는 감사대상수여식에 '법인'의 대표로서 내가 참석하게 되었다. 업계 최초로 '법인'이 감사대상을 수상하게 된 것이다. 다음은 수상 소감이다.

"안녕하십니까? J회계법인(이하 'J') 대표이사 OOO입니다.

감사대상이라는 의미 있는 상을 기획하여 주신 상장회사협의회와 한국공인회계사회에 먼저 감사드립니다. 또한 회계법인 최고의 명예인 감사대상을 저희 법인이 수상하게 된 것에 대해 1천여 J가족을 대표하여 진심으로 감사드립니다. 이 자리를 빌려 법인의 클린 펌(Clean Firm) 정책을 믿고 따라준 J 임직원 여러분에게도 고마움을 전하고 싶습니다.

J의 모든 임직원들은 회계 투명성을 달성하고 국제사회에서의 우리나라 기업의 회계 신뢰성 확보에 일조한다는 목표하에, 2001년에 우려 반 기대 반으로 '클린 펌' 경영원칙을 선언하였습니다.

품질 높은 감사는 감사현장에서의 감사뿐만 아니라 감사고객을 타깃팅(Targeting)하는 시점부터 최종 보고물을 고객에게 전달하는 시점까지, 전 과정에 걸친 품질관리 및 위험관리 절차가 있어야 가능한 것입니다. 법인 내에서 품질 및 위험관리를 맡는 부서가 업무 수주 단계에서부터 개입하여 감사상의 리스크(Audit Risk)를 평가하고 관리하여 제 구실을 할 수 있도록 힘을 실어주었습니다. 다행히도 고객과 시장(Market)은 우리의 이러한 클린 펌 정책을 거부감 없이 수용하여 주었습니다.

회계감독 당국, 회계사 업계 그리고 기업체 모두 각고의 노력으로 회계 투명성 제고에 힘쓰고 계십니다. 사회적 신뢰를 회복하는 것은 회계감독 당국자와 회계감사인 그리고 기업체 모두의 공통과제입니다.

함께해 주신 고객과 기업경영 관계자 여러분, 회계감독 당국, 또 이곳에 계신 동료 선후배 회계사 여러분, 그리고 오늘 행사를 주관하신 상장사협의회와 공인회계사회 임직원 여러분. 이 상은 여러분이 받아야 할 상을 저희 J가 대표해서 받는 상이라 생각합니다. 저희 임직원 모두는 이 상의 의미를 앞으로 더욱 잘하라는 채찍으로 알고 늘 거듭 태어나는 자세로 최선을 다하겠습니다.

다시 한 번 진심으로 감사드립니다."

업계 최초 감사대상 수상. (2005. 9)

수상소감을 발표하고 있는 저자.

급기야 2007년 7월 한국인으로서는 최초로 KPMG의 회원사(Member Firm) 간의 연례 상호 조직감리(Peer Review)에 내가 그 리뷰어(Reviewer) 중의 한 사람으로 참여하여, KPMG 말레이시아 회원사(KPMG Malaysian Member Firm)

의 업무수행 관련한 위험관리(Risk Management) 부문에 대하여 검토·평가 작업을 수행하는 책임을 맡았던 것이다.

우리 한국의 국제적 위상이 그만큼 높아진 것이다. 몇 년 전까지만 하더라도 우리가 그네들의 도움을 받았었는데 말이다.

'법인'의 품질관리 시스템(Quality Control System)은 대략 다음과 같았다.

• 첫째, 심리실장(Risk Management Partner, RMP)은 가능한 한 '법인' 내에서 비중이 있는 대표급으로 보임하였고, '법인'의 조직도상의 위치가 CEO 아래에 있지만 서비스 품질(Quality)관리 업무에 관한 한 독립적인 최종 발언권자이다. CEO가 리스크 관리(Risk Management) 영역에서 심리실장에게 영향력을 행사하는 것은 터부로 되어 있다. 왜냐하면 CEO는 '법인' 전체의 영업수입에 대한 집념 때문에 자칫 리스크 관리를 희생할 가능성이 있기 때문이다. 이를 위반하는 경우에는 KPMG Global의 리스크 관리본부로부터 불평이나 비판을 받게 된다.

• 둘째, 모든 파트너들의 연례실적 평가요소들 중에서 영업실적이나 조직관리 부문보다 품질 부문의 비중이 더 높은 파트너 평가시스템을 구축해서 운용하였다. 회계감사를 비롯한 각종 서비스의 품질관리 수준을 향상시키는 데 큰 효과가 있었다.

- 셋째, 고객과 용역계약을 하려면 사전에 고객심사절차(Client Acceptance Procedure, CAP)를 거쳐서 긍정적인 평가결과가 나와야만 고객으로 계약을 하도록 했다.

- 넷째, 현업 파트너를 대상으로 월 1회 정기연수를 실시하고 회계와 감사상으로 문제가 예상되는 사항들은 연말에 실시하는 회계감사에 앞서서 사전에 심리실장과 상의하고 협의토록 했다. 이때 심리실장은 비리를 단속하는 '경찰'이 아니라, 문제를 합리적으로 해결할 수 있게 도와주는 '형님'으로서 역할을 해야 한다.

심리실장으로서 품질관리 계획을 연 단위 및 분기별로 작성하고 매 분기별로 실적을 분석했다. 이 과정에서 KPMG Global에서 많은 지원을 해줬다. 그들의 각종 경험사례들을 활용할 수 있었고, 미국과 국제회계 기준에 뛰어난 전문가들을 지원받는 등 한동안 큰 도움을 받았다.

마케팅 본부장이 매 사업연도 초에 각 사업본부 파트너들로부터 업무수임 목표기업 리스트를 받고 영업 전략을 법인 차원에서 최종 타깃을 결정하는 절차를 마무리해 나간다. 고객을 수임하는 과정에서 고객수임 검토절차('CAP')를 반드시 거치도록 규정화되어 있다.

덕분에 지난 수년간 J회계법인은, 큰 사회적 물의를 일으킨 저축은행 등의 몇몇 회사는 고객으로 수임하지 않아서 일부 회계법인이 받고 있는 고통을 피할 수 있어서 다행이었다.

문제는 '법인'이 생존하기 위해서는 반드시 성장을 해야 한다는 것이다. 일정한 수준의 성장이 없으면 임직원들에게 비전 없는 조직으로 낙인찍히고, 유능한 인재는 '법인'을 떠나게 되고, 결국 우수인재가 없는 '법인'은 고객을 잃게 된다. 리스크 관리 및 품질 관리와 회사의 매출 신장은 지적서비스 기업의 두 수레바퀴가 되는 것이다.

수임을 목표로 하는 감사고객(Audit Target)을 결정하는 단계에서 사전에 그 수임 검토절차('CAP')를 거친 후에 타깃을 확정하여야 하지만 실제로는 해마다 회계법인의 외형성장 목표를 달성하기 위해서 사전검토 절차('CAP')를 거치지 않고, 일단은 외감법상 계약 대상회사 전체를 상대로 영업활동을 진행하는 경우가 있는 것 같다.

그 후에 계약단계에까지 성공적으로 영업이 진행되고 나서 그제야 부랴부랴 고객심사절차('CAP')를 실시하는 경우가 있다. 특히 연차가 짧고 아직 사회적·인적 네트워크가 빈약한 신임 파트너들은 중소기업들이나 재무상황이 어렵고 감사위험이 큰 회사들일지라도, 무차별적으로 공략 목표로 삼을 수밖에 없다. 일단 고기잡이 그물을 크게 펼쳐놓고 보자는 식으로, 거의 모든 감사대상 기업을 향해서 1년 혹은 그 이상의 기간 동안 시간과 에너지를 소비하면서 영업활동을 하고 있는 것이다.

그 가운데는 처음부터 타깃팅(Targeting)을 하지 말았어야 할 기업체도 많다. 감사 위험이 너무 크거나 고객이 너무 소규모이거나 자체 시스템이 문제가 많아서 감사불능 상태, 혹은 수익성이 없어서 회계감사 계약을 하면 오히려 회계법인에 손해인 경우이다.

　소액의 영업수입이라도 눈앞의 돈벌이를 외면하기 힘든 것은 사실이다. 그러나 긴 안목으로 내다보면 불필요한 영업활동으로 인한 에너지 소비, 혹은 열심히 업무수행 하고도 법인에 손실을 끼치는 불상사는 피해야 할 것이다.

'Big 4'는 우리 회계사 업계에 어떤 영향을?

돌이켜보면 1982년 3월 당시만 해도, 회계법인 이름에 외국 회원사(Member Firm)와의 연관성을 표시하는 것조차 현실적으로 금지되고 있었다.

그 당시에는 우리 회계사 업계의 풍토가 지나치게 고루하고 국제화에 뒤떨어져 있었던 것 같다. 국제적인 회계법인들이 지향하는 목표나 운영 방식에 대하여 이해가 부족했고, 일부 막연한 국수주의적인 사고도 있었던 것 같다.

소위 'Big 4'(국제적 규모의 4대 회계법인과 업무제휴한 회계법인)를 포함한 국제적인 회계법인들이 국경을 넘어서 각 회원사들 간에 협조와 연합을 하는 것은 고객회사 특히 국제적인 비즈니스 활동을 하고 있는 기업 고객들에게 효과적으로 품질 높은 서비스를 하기 위해서이다.

'Big 4'들은 각자 나름의 세계적인 브랜드 가치를 유지하기 위하여 각국에 있는 'Big 4' 회원사의 서비스 품질유지를 강력히 요구하고 있다.

그 결과 한국의 회계사 업계가 발전하고 국제화하는 데 큰 공헌을 해왔을 뿐만 아니라, 이는 세계 각국에 퍼져 있는 회원사들 그리고 그 고객 회사들 모두에게 이익이 되는 'Win-Win' 전략인 것이다.

2000년에 와서 (주)대우의 부실감사 사태로 청산 소멸된 당시 D회계법인에 가름할 새로운 KPMG 한국 회원사가 출범했다. KPMG Global은 KPMG Korea에서 더 이상 불행한 사태가 생기지 않도록 감사품질은 물론이고 모든 서비스 상품마다 리스크 관리 시스템을 철저히 구축하는 작업에 많은 조언과 지원을 했다.

나는 소명의식을 가지고 새로운 KPMG 한국 회원사에서 리스크 관리시스템 구축작업을 책임지고 해나갔다. '프로회계사'로서의 인생역정에서 가장 보람찬 과업이었다.

한번 쓰라린 경험을 했던 KPMG Global에서는 한국의 회계투명성에 강한 불신감을 가지고 처음 2년여 동안에는 우리 동료·후배 회계감사 파트너들에 대한 부정적인 편견과 의구심을 갖고 있었다. 그네들을 이해시키고 신뢰를 회복하기 위해서 시간이 필요했던 것이다.

우선 KPMG 세계 안에서부터 신뢰를 회복하기 위해서 KPMG Korea는 회계와 감사서비스의 품질검토를 주관하는 소위 '심리실(Department of Professional Practice, DPP)'을 중심으로 회계법인(이하 '법인') 내의 모든 파트너들의 일치단결한 노력이 있었다.

2000년 이후 해마다 실시하는 혹독한 'KPMG Quality Review'(KPMG 라는 국제적 회계법인의 명성을 지키기 위해서 실시하는 품질관리 검토절차임)를 거쳐서 2002년 4월에는 드디어 법인이 과거의 선입견과 편견을 떨쳐내고 우수한 품질의 KPMG 회원사라는 판정을 받았으며, 세계 150여 개 KPMG 회원사들 중에서도 일류 회원사 대열에 올랐다.

리뷰(Review) 팀의 결과 발표에 나는 당시 품질심리실장(Risk Management Partner, RMP)으로서 많은 파트너들과 외국에서 온 KPMG 리뷰 팀들 앞에서 눈물을 숨기지 못했던 기억이 난다. 단순한 기쁨이 아니라 깊은 감회와 지난 수년간 겪었던 통한의 눈물이었던 것이다.

심리실(Department of Professional Practice, DPP) 팀을 잘 이끌고 기적적인 성과를 단시간 안에 올렸다고 극찬을 받았다. 리뷰 결과를 발표하는 자리에서 마침 2002년 월드컵 시즌이었기에, 내 이름의 성(姓)을 따고 히딩크를 조합한 '김딩크'라는 별명을 얻게 되었고 법인의 뛰어난 발전상에 대하여 박수 받은 일이 있었다.

리스크 관리와 감사품질 향상을 위하여 KPMG는 국제적인 경륜과 경험이 있는 전문인력들을 충분히 지원해 주었고, 그 규모가 화폐가치로 따지면 2001년부터 약 4년에 걸쳐 수백만 불에 이르렀을 것이다. 그 지원조건은 사전에 설정한 국제적 수준의 품질관리 시스템 구축과 연례행사인 서비스 품질 검사요건 충족이었다. 이러한 조건들을 충족시키면서 법인의 서비스 품질도 일류가 되고 시장과 고객에서 훌륭한 사회적 기능을 하는 회계법인이 된 것이다.

2007년 KPMG Korea의 심리실장으로서의 임무를 마치고 후임자에게 RMP를 물려주는 자리에서 KPMG 아시아 태평양 지역의 서비스 품질관리 총 책임자가 방한하여 나에게 상패를 수여했다. KPMG의 서비스 품질향상에 기여한 공로를 인정한다는 뜻을 담은 문구(文句)가 새겨져 있었다.

KPMG 공로패.(2007)

한 치 앞도 내다보기 힘든
인간만사

대우그룹이 몰락함에 따른 주주나 채권금융 기관들로부터 제기된 회계감사인에 대한 손해배상 청구소송으로 인하여 D회계법인(이하 '법인')의 파트너들은 암울한 나날을 보내고 있었는데 설상가상으로 또 다른 문제가 생겼다. 즉 법인이 청산절차를 거쳐 해산하고 난 후에도 법인이 과거에 발행한 수많은 감사보고서 중에서 부실감사 문제가 생기면, 그 담당 회계사는 향후 5년간 손해배상 청구소송을 당할 위험이 있었다. 이러한 향후의 추가위험에 대비하여 추가적인 PII보험(Professional Indemnity Insurance, 손해배상보험)에 가입할 것인지를 결정해야 하는 순간이 온 것이다.

(주)대우 부실감사 문제로 기왕에 벌어져 있는 법인의 실제상황이 어렵기 짝이 없고, 개인재산도 보호하기 힘든 실정인지라, 과거에 법인이 발행한 많은 감사보고서에서 발생할 수 있는 장래의 또 다른 손해배상 소송의 위험까지 커버하는 PII보험(보험료가 수억 원)은 가입하지 않기로

2000년 5월에 법인의 파트너들이 결정했다. '또 다른 소송은 발생하지 않겠지' 하는 기대심리에서, 그리고 더 이상 장래의 불확실한 리스크까지 생각할 겨를도 없어서….

그런데 후회하는 상황이 곧바로 닥쳐왔다

2000년 7월 상당수의 법인 파트너들이 소속 회계법인이 해산된 후에 새로운 J회계법인에서 회계사로서 새 출발을 하게 되었다. 그런데 그로부터 2년 후 D회계법인 시절에 발행한 감사보고서 중에서 몇몇 감사보고서는 회계감리 당국으로부터 부실감사 지적을 받고, 징계와 손해배상 소송의 위험을 맞게 되었다. PII보험에도 가입하지 않았기 때문에 소송을 당하면 보험회사의 도움도 기대할 수 없으며, 감사보고서를 발행한 회계법인은 소멸되어 없어졌으니, 담당 파트너 회계사 개인이 수백억 원 혹은 그 이상의 배상청구를 직접 당할 수밖에 없는 난처한 상황이 되었다.

어느 회사의 회계감사 담당 책임회계사인 L씨와 M씨가 부실감사를 했다는 금융위의 감리결과에 따라서, 행정벌 이외에도 은행이나 주주들로부터 손해배상청구 소송을 당할 위험이 생겼다. 이들은 최악의 경우 가족들이 살고 있는 주택을 포함한 개인 재산 모두를 빼앗길 수도 있는 상황이 된 것이다.

이때 새롭게 시작한 J회계법인에서 주요경영자로서 활동하던 어떤 선배 파트너 A는 D회계법인의 침몰위기에서도 열심히 일하다가 크고 작은 실수로 위험에 처한 후배 회계사들을 최선을 다하여 보호해 줘야 한다고 생각했다.

부실감사 문제가 제기된 감사보고서상의 감사대상 회사가 새로운 J회계법인의 고객으로 승계되었고, 법인에서 감사를 담당했던 파트너도 J회계법인에서 변함없이 그 고객회사의 감사책임을 맡고 있는 상황이었다. 사실상 감사고객과 담당 임직원들이 새로운 J회계법인으로 승계되었으니, 이러한 위험부담도 승계되는 것이 옳다고 볼 수 있다. 그러나 현실적으로 J회계법인의 기존 파트너들이 그 손해배상 위험까지도 함께 책임지고 기존 PII보험 계약을 수정하여 PII보험료를 더 많이 부담하는 결정에 합의해 줄 상황이 아니었다.

결국 파트너 A는 제휴하고 있는 'Big 4'(국제적 규모의 4대 회계법인과 업무 제휴한 회계법인) International과 그 보험회사를 수개월에 걸쳐서 설득하여, 천신만고 끝에 새로운 J회계법인의 PII보험 계약에서 보험료 인상 없이 이 부분이 커버되도록 당초의 PII보험 계약서를 수정하였다. 이제는 이들 후배 회계사들이 손해배상 청구소송을 당하더라도 PII보험회사가 보험금을 지불하게 되니 개인 재산이 직접 위협을 받지는 않도록 해결된 것이다.

2000년 봄 어느 날 법인의 해산절차를 앞두고, 파트너들 중에서 새로운 J회계법인으로 갈 수 있는 인원에는 현실적으로 제한이 있었기에, 일부를 탈락시켜야 하는 순간이 왔다. 조직이 격동기를 맞으면 혁신을 들고 나오는 집단이 생기게 마련이어서, 이참에 40대의 젊은 세대들이 조직을 경영해 나가는 듯한 이상한 분위기였다.

이때 어떤 후배 파트너가 나서서 프로로서의 경륜과 능력이 앞서 있는 50세를 갓 넘긴 어떤 선배 파트너 A를 찾아가서는 "퇴직 위로금을 줄 테니 50대인 선배로서 40대인 젊은 후배들을 위해서 은퇴하고 자리를 양보해 달라."고 했다고 한다.

청천벽력이었다! 50대 초반이 벌써 '프로회계사'로서 퇴출 대상이던가? 아니면 자기들 또래 이상의 선배들은 불편했던 건가?

어제까지만 해도 감사실무현장에서는 사제지간이었고 직장에서는 상하관계이었고 인간적으로는 형제지간이었던 터라, 그 선배 파트너가 입은 마음의 상처가 쉽게 가시지 않았을 것이다.

그 '특별 퇴직 위로금'이라는 것도 자기네들 '젊은 층'이 벌어들인 것이 아니라 선배 파트너들이 열심히 벌어서 쌓아둔 법인의 내부 유보금에서 지불하겠다고 한 것이다. 여기서 그 선배 파트너는 아이러니(Irony)의 극치를 경험하였을 것이다.

청산을 앞둔 법인의 경영이 공백상태에 빠져 있어서 일부 40대의 젊은 파트너들이 리더임을 자청하고, 하루아침에 회사의 재산 처분을 포함한 경영권을 접수한 것으로 착각하는 행동을 한 것이다. 파트너가 된 지 얼마 되지도 않은 신임 파트너들로서 그 사내유보금을 적립함에 있어서 공헌도도 거의 없는 자기네들이, 무슨 근거로 사내유보금 처분권이 있어서 그런 제안을 했는지 기가 찰 일이었다.

물론 그들의 제안은 거절당했다. 그 선배 파트너 A는 "나는 조직의 경영에는 관심이 없다. 그러나 고객이 나를 찾는 한, 한 사람의 '프로회계사'로서 평범하게 나의 길로 그냥 가는 데까지 갈 테니, 더 이상 금전거래 대상으로 얘기하지 말라."면서 단호하게 거절했다고 한다. 그에게는 회계사라는 직업(Professional Career)이 단순한 생업수단이 아니라 전문가적인 긍지와 자존감이었다. 또한 그의 서비스를 기다리는 고객을 생각하면 더더욱 떠날 수가 없었던 것이다.

그런데 정말 세상일은 한 치 앞도 내다볼 수 없는 것이다. 그때 그 선배 파트너를 찾아가서 무례한 퇴임제안을 했던 후배가 바로 앞에서 언급한 L·M 회계사였으며 불과 2년 후에 부실감사 문제로 징계를 받아 일생일대의 위기를 맞이하게 됐다. 다행히도 감리 당국의 행정처벌을 면하게 되었으나, 그 고비를 극복하는 데 큰 힘이 되었을 뿐만 아니라 PII보험 문제를 해결한 주역이 바로 그때의 선배 파트너 A였다. 이런 걸 두고 인생유전(人生流轉)이라 했던가!

대우그룹회사 회계감사에 따른 리스크 관리의 실패로 인하여 소속 회계법인이 몰락하는 사태만 없었더라면 그 선배 파트너가 이런 가슴 아픈 일들을 겪지 않아도 되었을 텐데…. 아무쪼록 우리가 속한 조직이 건강하고 지속가능한 성장('Sustainable Growth')을 계속해 나가야 한다.

Professional

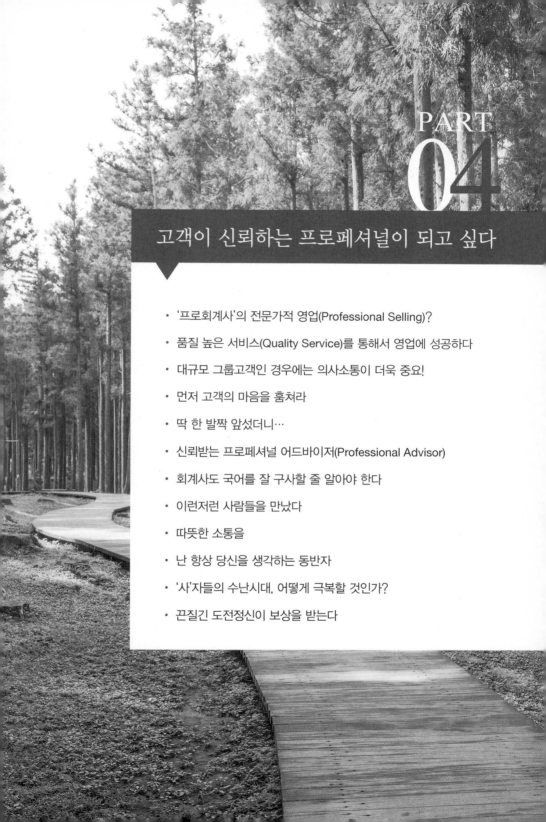

PART
04

고객이 신뢰하는 프로페셔널이 되고 싶다

- '프로회계사'의 전문가적 영업(Professional Selling)?
- 품질 높은 서비스(Quality Service)를 통해서 영업에 성공하다
- 대규모 그룹고객인 경우에는 의사소통이 더욱 중요!
- 먼저 고객의 마음을 훔쳐라
- 딱 한 발짝 앞섰더니…
- 신뢰받는 프로페셔널 어드바이저(Professional Advisor)
- 회계사도 국어를 잘 구사할 줄 알아야 한다
- 이런저런 사람들을 만났다
- 따뜻한 소통을
- 난 항상 당신을 생각하는 동반자
- '사'자들의 수난시대, 어떻게 극복할 것인가?
- 끈질긴 도전정신이 보상을 받는다

'프로회계사'의 전문가적 영업 (Professional Selling)?

1976년 여름 필리핀 SGV & Co.(필리핀에 본부를 둔 아시아 지역 최대 회계 법인으로서 당시 필리핀에서는 'Big 8' 전부와 제휴한 법인이었음)에 4개월간 회계 감사실무 연수를 다녀왔다.

그곳의 SGV & Co.라는 회계법인은 당시 우리나라의 회계사 업계의 초라한 위상과는 달리, 필리핀 최대 기업의 빌딩 바로 옆에 같은 규모 의 빌딩을 본사 사옥으로 소유하고 있다는 사실이 무척 나를 놀라게 했고, 수천 명의 회계사를 임직원으로 거느린 거물기업임에 충격을 받았다.

여기서 감사실무 업무도 배웠지만, 그 후 회계사업계 생활을 통해 서 평생 기억에 남는 얘기가 있다. SGV & Co.의 수많은 후배들에게 전설처럼 내려오고 있는, 고객에 대한 애정과 프로로서의 밀착 서비 스 정신에 관한 것이었다.

어느 날 칼텍스(Caltex) 정유회사 필리핀 공장에 화재가 발생했는데 SGV & Co.의 담당 파트너가 공장장보다도 먼저 그 회사 컨트롤러 (Controller)에게 전화를 해서 대책을 함께 상의했다는 얘기였다. 단순한 회계자문과 회계감사 보고서를 다루는 단계를 넘어서 사업의 동반자('Business Advisor')의 자세를 보여준 장면이다. 이 정도이면 다른 어떤 회계법인도 경쟁에서 SGV & Co.을 이기기가 어려웠을 것이다.

한때 우리 사회에서는 각종 개인적인 인연(학연, 지연, 혈연 등)과 음주 골프 접대를 떼어놓고는 성공적인 영업을 상상하기 힘든 문화가 있었다. 그러나 다음의 영업 성공사례는 프로페셔널 영업(Professional Selling)의 사례라고 생각된다.

당시 나는 S중공업(주)의 감사계약을 목표로 수년간 공을 들이고 있었는데, 역시 A회계법인이 최대 경쟁자였다. S중공업(주)는 (주)S기계와 합병을 계획하고 있었다. 이 감사 타깃인 S중공업(주)을 공략하기 위한 전략으로서 회계감사 계약을 요구하기 이전에 먼저 회사가 현실적으로 절실하게 필요로 하는 합병과 관련한 자문서비스를 제공하기 위해서, 합병 절차수립과 절차수행 과정에서의 법률 및 세무 자문서비스를 할 준비를 완성해 놓고 있었다. 물론 해당 분야에 대해서 깊이 있는 연구를 해뒀고, 고객회사가 절실하게 필요로 하는 그리고 부가가치(Value)를 줄 수 있는 해당 분야의 전문성도 확보해 뒀다.

어느 날 D회계법인(이하 '법인') 대구지사에 당일치기 출장을 위해서 가는 길이었다. 타고 가던 비행기 안에서 우연히 조간신문을 보고 (주)S기계의 흡수합병 계획이 발표되었음을 알았다. 대구공항에 내리자마자 곧바로 공중전화 부스에서 그동안 법인 본부에서 합병관련 자문서비스를 준비해 왔던 K매니저와 통화하여, S중공업(주)의 사장님께 양해를 구하고 나를 대신해서 방문하여 합병관련 자문서비스를 오늘 중에 제안 설명 드리도록 지시했다.

내 전략은 적중했다! 그 회사 사장님뿐만 아니라 감사인 변경의사가 없었던 부사장, 전무님까지도 우리가 고객 가까이에서 상시 대기하고 있다가 필요한 순간에 즉시 고객을 도울 준비가 되어 있는 전문가조직이라는 믿음을 가졌기 때문에, '법인'에 대해서 호감을 가지게 되었다. 훗날 영업담당 부사장님은 부하 영업 임직원들에게 '법인' 회계사들의 고객서비스 자세를 본받으라고까지 말씀하셨다고 한다.

그 회사 사장, 부사장이 우리와 경쟁관계에 있는 A회계법인의 1, 2인자와 고등학교 동창이라는 특별한 인간관계가 있었다. 그러나 수년간 끈질긴 경합 끝에 승리는 나의 것이 되었다. S중공업(주) 감사계약이라는 결실을 맺기까지 꼬박 만 3년간, 끊임없이 그 회사의 주요 관심사와 사업상 이슈들에 대하여 관심을 가지고 같이 걱정하고 협의해 드리는 등 공을 들인 결과였다.

당시 그 회사는 국내에서 몇 안 되는 수조원 자산규모의 큰 상장회사이었기에 '새로운 감사법인이 누가 될 것이냐?'가 회계사 업계의 주요 관심거리였는데, 업계의 예상과 달리 학연 등 개인적인 관계를 극복하고 40대 초반의 '프로 회계사'가 회계감사 계약 수주 경쟁에서 승자가 된 것이다.

고객으로부터 항상 지근거리에서 고객을 걱정하고 살펴드리고 있다는, 그리고 전문가적인 서비스를 항상 제공할 수 있는 태세를 갖추고 있다는 전문가적 신뢰(Credibility)를 보여줄 수 있었기 때문에 업계의 화젯거리가 된 큰 경쟁에서 승리한 것이다. 그리고 돈벌이 이전에 먼저 고객에게 컨설팅 서비스를 제공하는 모습도 긍정적으로 작용했던 것 같다.

나는 본건 감사 계약에 성공하기 이전까지만 해도 주로 기존고객을 열심히 서비스하는 소위 'Farmer'(농부) 회계사였고, 새로 신규고객을 개발하는 'Hunter'(사냥꾼) 회계사는 아니었다. 완전한 새 고객을 개발하는 소위 'Hunter'로서는 고작해야 친구가 임원으로 있는 몇 천억 혹은 몇 백억 원 규모의 비상장 중견기업을 감사고객으로 개발해오는 정도에 불과했었다.

품질 높은 서비스(Quality Service)를 통해서 영업에 성공하다

대형 회계법인에서는 회계사들도 실무경력과 능력에 따라 계층화가 되어 있으며, 초급 전문직 요원부터 회계법인 조직의 중간계층까지는 영업과 고객개발보다는 주어진 프로젝트나 감사업무를 관련 기준이나 업무지침에 따라서 충실하게 수행하는 것이 가장 중요하다. 그러나 회계법인의 상층부에 있는 파트너(Partner, 파트너십의 출자임원)들은 중대한 임무가 신규 고객개발 및 기존고객에 대한 추가 업무개발이다. 회계법인 조직의 파트너 이상의 직급에서는 영업에 대한 기대가 커지기 때문이다.

회계법인 직급별 기능

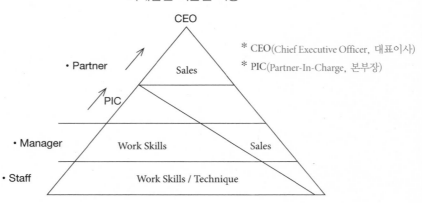

* CEO(Chief Executive Officer, 대표이사)
* PIC(Partner-In-Charge, 본부장)

고객개발은 대부분의 경우 한 사람의 뛰어난 능력으로 이루어지기보다는 대형 회계법인 내부의 많은 임직원들의 다양한 경력과 전문지식 그리고 개인적인 인간관계를 전략적으로 활용하고 집중하여, 어느 날 종합예술작품으로서 열매를 수확하게 된다. 중견 재벌그룹 이하 규모인 경우에는 어느 한 사람의 파트너가 대주주 등과 개인적인 친분이나 인연이 있어서 고객관계가 시작되는 경우도 왕왕 있지만, 국내의 10대 그룹사 혹은 30대 그룹사 등의 큰 고객일 때는 다양한 전문분야의 관련 파트너들의 협업과 조직 내의 에너지 융합이 필요하다.

일단 고객의 문이 열리고 난 후에는 각자 담당하는 분야의 서비스를 프로답게 장인정신을 발휘하여 고객이 만족하는 가치(Value) 있는 서비스를 제공함으로써, 그룹 내의 관계회사로 서비스를 확대하거나 같은 회사에서 다른 종류의 추가서비스를 제공할 기회를 개발할 수도 있게 된다.

그 성공사례들을 보면 다음과 같다.

A그룹

2005년 6월에 지주회사 설립검토 용역을 수주하여 삼복더위를 무릅쓰고 특별한 노력을 기울였다. 이 프로젝트 관리에서는 그 요체가 전문적 지식과 보안유지였다. '밀실'에서 런닝셔츠 차림으로 일하는 프로젝트 팀의 모습을 잊을 수가 없다. 업무수행 중 J회계법인 내부의 문서나 경리장부들에서도 보안유지를 위한 특별조치를 했고, 우리나라 지주회사 제도에 대한 제도적·법규상 미비점에 대하여는 분야별 외부 전문가를 활용함으로써 고객에게 프로로서의 신뢰감을 주었고 전문성을 인정받았다. 이 프로젝트의 성공적인 수행을 통해 J회계법인으로서는 A그룹에 처음으로 얼굴을 내밀 수 있었던 것이다.

덕분에 A그룹의 주력회사 회계감사를 비롯하여 다수의 그룹 계열회사를 감사하게 되었다. 2007년에는 수십 개의 A그룹 회사를 위한 IFRS(International Financial Reporting Standards, 국제회계기준) 용역을 'Big 4'(국제적 규모의 4대 회계법인과 업무제휴한 회계법인)가 모두 참여하여 일했으나, J회계법인이 PM(Project Manager, 프로젝트 매니저) 역할을 수행하여 그룹 본부 차원에서 각 회계법인들의 업무계획과 의견을 통할조정하고 마무리를 해냈기에, 이후 A그룹의 프라임 컨설턴트(Prime Consultant)가 될 수 있었다.

B그룹

1980년대 후반에 B그룹 회사 중 하나인 B사와 회계감사 계약을 한 후, 국제적인 회계법인과 업무제휴가 되어 있던 D회계법인은 더 나은 품질의 서비스를 제공하고자 끊임없이 노력했고 사장님을 비롯한 임직원들로부터 계속적인 호평을 받았다.

마침 신설된 D회계법인의 부속 경영연구원에서 EIS(Executive Information System)라는, 일종의 재무·회계 시스템 구축 용역을 시장에

'매일경제' 인터뷰. '고객만족도 조사'
(1997. 4)

론칭하고자 노력하고 있던 터라, 내가 담당하던 감사서비스에 대한 고객의 신뢰관계를 바탕으로 B사와 당시로서는 큰 금액의 용역계약(약 3억 원)을 하게 되었던 것이다.

그 후 사장님이 B중공업㈜로 옮기시고, 나는 당시 K매니저를 위시한 태스크포스(Task Force)를 가동하여 B중공업㈜이 필요로 하는 서비스를 미리 파악해서 준비해 둔 M&A(Mergers & Acquisitions, 인수합병) 절차자문과 필요한 세무자문을 훌륭히 해냄으로써, 사장님의 고교동창 분들의 공략을 물리치고 당당히 D회계법인이 B중공업㈜와 감사계약을 할 수 있게 되었다. 이 회사에서 임원으로 계시던 분이 훗날 N그룹을 창설하였고, 그 임원분도 우리들에 대해서 좋은 이미지를 가지게 되었고, 우리 법인의 후배 파트너들이 N그룹의 회계감사 등 각종 서비스를 제공하는 인연이 되었다.

B사, B중공업(주) 그리고 N그룹사에 이르기까지 고객관계가 확대 발전 되어가는 과정이 마치 고구마밭의 고구마줄기를 연상케 했다.

우리는 오늘의 작은 인연을 소중하게 섬길 줄 알아야겠다!

C그룹

C사는 미국과의 합작회사로서 A회계법인이 십수 년간 회계감사를 해왔던 회사이다. 그러나 미국 합작선과 KPMG가 고객관계를 가지고 있었기에, KPMG Korea가 1995년부터 C사의 감사업무 중 US GAAP(Generally Accepted Accounting Principles, 일반 회계 원칙) 재무제표에 대한 감사보고를 할 기회를 얻었다. C사는 Korean GAAP 재무제표에 대한 감사는 계속해서 종전부터 담당해 오던 A회계법인에 맡기기로 했지만, KPMG Korea로서는 드디어 C사의 회계사 용역 중에서 작은 부분의 업무에라도 참여하게 된 것이 기뻤다. 드디어 품질 높은 서비스를 제공하여 고객회사로부터 공정하게 비교 평가 받을 기회가 온 것이다.

2002년에 와서 C사는 증권거래소에 신규상장(IPO, Initial Public Offering) 계획을 추진하고 있었고 A회계법인은 때마침 어떤 큰 그룹 회사 부실감사로 회계감독 당국으로부터 징계를 받고 어려움에 처해 있었다. 이러한 상황에서 KPMG Korea가 지난 수년간 좋은 전문가적 서비스를 제공하였고 고객의 만족도가 높았던 상황이었기 때문에 드디어 K. GAAP (한국기업 회계 기준)의 재무제표 감사까지도 KPMG Korea가 하도록 결정되었다.

그러나 지난 수십 년간의 인연으로 C사의 자회사들에 대한 회계감사 업무는 계속해서 A회계법인에 잔류했다.

오랜 세월에 걸쳐서 A회계법인과는 끈끈한 인간적인 유대관계가 있어서 다소간의 회계실무자들의 업무상 불만이 있어도 표출되지 않고 있었지만, 2008년에 와서는 10여개 자회사들 중에서 한두 군데에서 불평을 시작하니 다른 대부분의 자회사 CFO들도 불평의 대열에 동참하기에 이르렀다. 때마침 KPMG Korea는 품질 높은 서비스(Quantity Service)라는 평가 덕분에 2008년 말에 가서는 C사의 자회사들에 대한 감사도 KPMG가 일괄해서 수임하게 된 것이다.

C그룹 자회사들에 대한 감사계약 수주는 적극적으로 공략해서 수임한 경우가 아니고, 꾸준히 '품질 높은 서비스'를 하고 있었을 따름인데 고객이 스스로 찾아온 소위 "Walk-in- Client"에 해당된다.

당초에는 C그룹의 몇 가지 회계감사 업무들 중에서 작은 부분인 미국회계 기준에 의한 재무제표 감사영역에만 국한했던 KPMG Korea의 업무영역이 점차 확대되어, 한국회계 기준에 의한 감사보고서와 C그룹사의 자회사들 감사까지도 모두 담당하게 된 것이다. 개인적으로는 '전문가적 영업(Professional Selling)의 승리'라는 한 편의 드라마에서 주연배우로 뛰었다는 자부심을 가지고 있다.

대규모 그룹고객인 경우에는
의사소통이 더욱 중요!

　'Big 4'(국제적 규모의 4대 회계법인과 업무제휴한 회계법인)를 위시한 대형법인에서 제공하는 서비스 메뉴는 회계감사, 세무컨설팅, IT컨설팅, 전략컨설팅 등 서비스 종류가 다양하다. 따라서 그룹회사나 큰 기업고객의 경우에는 동일고객에게 복수의 다양한 서비스를 제공하게 되어, 여러 명의 전문분야별 담당 파트너(Engagement Partner, EP)들이 나름대로 분야별로 전문화된 서비스를 산발적으로 제공하고 있는 경우가 있다.

　이때 고객 입장에서는 수명의 파트너(Partner, 파트너십의 출자임원)들 및 팀장들을 각각 상대하는 대신에 고객회사의 사업내용과 문화를 잘 알고 있는 경륜 있는 회계법인의 대표급 파트너가 창구를 일원화하여, 각 분야별 EP의 의견과 정보를 조화롭게 체계화하여 제시해 주기를 원하게 된다.

　또한 기업고객의 중간 경영관리자나 부문별 책임자들이 각 분야별 EP들과 세부적이고 실무적인 내용을 협의하고, 큰 그룹회사의 그룹

본부 CEO나 CFO(Chief Financial Officer, 최고재무책임자) 입장에서는 그룹 회사별로 지정된 업무총괄 파트너(Lead Partner, LP)를 만나서 조감적인 시각에서 대화를 하고 서비스를 받는 것이 좋은 방법이라고 생각된다.

오늘날 다국적 기업뿐만 아니라 이미 세계화한 한국기업들의 경우에도 세계 주요국가에 현지법인이나 지사를 운영하고 있는데, 현지의 담당회계사들의 업무수행 결과물을 회계법인 본사 차원에서 지정된 LP가 종합하고 조정하여 그룹회사 고객의 본부에 보고·자문하는 서비스가 절실하게 요구된다.

국내 5대 그룹 중의 하나인 A그룹은 많은 해외 현지법인을 거느리고 있으며 국내에서는 수십 개의 그룹회사를 거느리고 있다. 한편 J회계법인의 각종 서비스 분야별 전문가 그룹을 이끄는 파트너 5~10명이 A그룹의 각 분야에 서비스를 산발적으로 제공하고 있다. 이런 상황에서는 A그룹에 지정된 LP가 5~10명의 EP를 총괄지휘하고, 그룹본부의 CEO/CFO에게 각 EP들의 용역결과물을 종합하여 적절한 시기에 적합한 방법으로 제공하는 것이다.

이러한 LP제도 운영은 기존의 그룹회사 고객에게 좋은 서비스를 제공하는 데 도움이 될 뿐만 아니라 회계법인의 새 고객을 개발하는 영업전략상으로도 크게 도움이 된다.

무역거래가 주업종인 A Grobal(주)은 미국과의 FTA협정 발효를 계기로 관세혜택을 향유하기 위해서 관세전문 서비스 팀의 컨설팅 용역을 필요로 했다. 경쟁사인 어떤 관세법인은 수수료를 덤핑하여 제시한 반면, J회계법인의 관세 팀 파트너는 법인 전체의 영업전략 차원이 아니라 자기들 전담 팀의 관점에서만 판단하여 가격 협상을 외면하고 결국 수주에 실패했다.

A그룹을 담당하는 LP가 그 단계에서 치열한 가격경쟁 상황을 알았더라면 적절한 가격 수준에서 고객회사 최고 경영층의 이해도 구해서 프로젝트를 수임하고 좋은 품질의 차별화된 서비스라는 우리의 강점을 과시할 수 있었을 것이다. 그렇게 함으로써 비로소 J회계법인(이하 '법인')은 차후년도 회계감사 용역 수주의 길을 틀 수 있었을 것이다. 법인 차원에서는 A그룹 회사들에 대한 법인의 점유율(Market Share)을 높이고자 여러 해 동안 공을 들이고 있었을 뿐만 아니라, '법인'의 감사본부에서도 분기별 영업회의 때마다 내부 영업계획 자료에 항상 나타나는 것이 A Global(주)라는 감사목표 고객이었다.

감사본부와 관세 팀 파트너들 간에 소통부족이었고 이들을 통할조정하는 LP가 기능을 못 한 것이다.

LP제도를 제대로 운영했더라면 관세용역 수수료 문제를 해결해서 관세전문 컨설팅 서비스를 잘 수행하여 회사와 좋은 관계를 공고히 함으로써, 신년도 감사고객으로 A Global(주)을 확보할 수 있었을 것이다.

그런데 이러한 제도가 의도했던 대로 성공하려면 '법인' 내의 EP와 LP, 서로 간의 신속하고 원활한 의사소통이 필수적이다.

예컨대 감사계약 내용에 따라서 1년 중 수시로 고객을 방문하고 감사절차를 수행하게 되는데 감사 담당회계사들은 감사실시 이전에 감사계획이 수립되면 LP에게 그 윤곽을 설명해주고, 그 후 감사업무 단계별로 감사상 발견사항이나 좋은 경영개선 권고사항 그리고 주요 고객인사들의 이동·승진 등의 내용, 그리고 새로운 용역개발 기회포착 등을 제때에 LP에게 알려주고 협의해야 한다.

회계법인 내에는 고객과의 원활한 대화창구 역할을 하거나, 때로는 회계사 이외의 다른 시각에서 고객에게 폭넓은 자문서비스를 제공하는 고문들도 계신다. 이분들이 단편적·일회성으로 고객과 대화하고 난 후에는 담당 EP로부터 추후 진전사항을 보고받지 못하고 있는 경우가 많다.

그런데 이분들이 뜻하지 않게 고객의 인사를 갑자기 만나게 되어 추후 진전사항을 대화 소재로 삼게 되면 무척 당혹스럽게 되는 일이 흔히 발생한다. 서양에서는 학교교육에서부터 효과적이고 시의적절한 의사소통이 생활화되어 있어서인지, 모든 'Big 4'들이 LP제도를 잘 활용하고 있는 것 같다.

먼저 고객의 마음을 훔쳐라

회사가 생존하고 성장하기 위해서는 차별화(Differentiation)된 경쟁 우위를 가진 영역을 가져야 하듯, 다양성이 중시되는 오늘날에는 더더욱 획일적이고 판에 박힌 행동에서 벗어나 자신만의 개성을 표출할 수 있을 때 개개인은 그 존재 의의를 가질 수 있다.

세스 고딘, 톰 피터스, 말콤 글래드웰 외 30명이 쓴 『The Big Moo』 중에 이런 글이 있다.

"뉴욕에 사는 자전거 수리공 레기는 마무리 작업을 위해 5분을 더 투자한다. 꼼꼼하고 부지런한 레기는 처음 한 시간 동안 솜씨 좋은 자전거 수리공이 되어 자전거를 손본다. 그는 이때는 어디서나 만날 수 있는 자전거 수리공들과 별반 다르지 않다.

그러나 마지막 5분 동안 레기는 단순한 자전거 수리공이 아닌 예술가가 된다. 5분 동안 체인을 깨끗하게 청소하거나 바닥이 울퉁불퉁한 곳으로 자전거를 끌고 나가 기어를 조절한다. 어린이용 자전거를 수리한 경우에는 자전거에 경적이나 이름표를 달아주는 등 고객이 알아챌 수 있는 변화를 만들어 낸다. 레기가 하는 일은 매우 쉬운 것들이지만 문제는 많은 수리공들이 그렇게 하지 않는다는 점이다.

자신이 담당하고 있는 일이 회계 관련 업무냐, 제품 디자인 업무냐는 중요하지 않다. 마지막 5분으로 고객은 당신과 그 밖의 모든 경쟁자들이 제공하는 제품이나 서비스를 구별하게 된다. 당신이 사용하는 시간의 99퍼센트만 활용하면 그저 평범할 수밖에 없다. 하지만 지극히 짧은 한순간으로 당신은 탁월(remarkable)해질 수 있다."

"먼저 섬기고 나중에 팔아라!"

오늘날의 소비자들은 그 어느 때보다도 영리하고 정보에 밝으며 '팔려간다'는 것을 참지 못한다. 가능하면 번거로움 없이 만족을 얻을 수 있는 그런 거래를 하고 싶은 것이다.

만약 다른 장소에서 더 좋은 대접을 받았다면 그들은 '왜 당신도 그렇게 하지 못하는가?' 하고 생각할 것이다. 그들은 거래를 할 때에 유쾌하고 생산적이며 개인화된 서비스를 요구할 것이며, 그런 대접을 받지 못하면 떠나갈 것이다.

과거 음주문화에서의 접대와는 달리 문화상품으로 접대하는 좋은 아이디어들이 많아졌다. 예컨대 가족이 함께하는 디너쇼, 콘서트, 연극, 오페라 등이다. 골프접대를 하는 경우에도 좀 더 예의를 갖추고 손님을 편하게 안내하는 정성이 필요하다.

어느 일본인 CEO로부터 골프 초청을 받았는데 우선 '乙'이 '甲'인 고객으로부터 접대를 받는 상황에서, 친절하게도 골프장 예약시간과 동반자 인적사항까지 사전에 팩스나 이메일로 알려주면서 편안한 느낌이 들게 해줘서 나는 감명을 받았고, 그 후부터는 나도 좋은 습관을 가지게 되었다.

예컨대 초청 골프행사에 앞서서 골프 행사를 상기시키는 이메일을 보내고, 기왕이면 골프장 클럽하우스의 룸을 예약해두고, 손님 도착시간보다 20분 빨리 도착해서 골프 라운딩 전후에 나눌 수 있는 즐거운 대화나 사업상 대화를 미리 생각해둔다. 단순한 운동에서 그치지 않고, '프로회계사'로서 상대방에게 뭔가 도움이 될 수 있는 정보나 자료를 제공할 수 있도록 노력한다.

내가 아는 어떤 중견기업체의 사장님은 고등학교를 졸업하고 곧장 사업에 뛰어들어 당대에 자수성가하였으며 뛰어난 사업수완을 가지신 분이다. 명절에 거래처나 관계기관에 선물을 할 때, 이분의 전략은 명절에 한꺼번에 많은 사람들이 인사하러 올 테니 나는 절대 큰 선물은 아니나 누구보다 먼저 '눈도장'을 찍는다는 것이다. 그분의 특별한 노력이 엿보인다.

필리핀 소재의 C공장에 어느 날 화재가 났는데 공장장보다 회계법인의 담당 파트너(Partner, 파트너십의 출자임원) 회계사가 CEO에게 더 빨리 알려주고 대책을 함께 걱정하면서 고객의 마음을 훔친 얘기도 생각난다.

이와 대조적으로 영업 객장에서 한번 스쳐 지나갔던 D증권의 모 팀장이 내게 보내온 휴대폰 메시지는 어쩐지 부자연스럽다. "회장님… 제가 점심을 거르면서까지 열심히 연구… 꼭 해법을 제시하겠습니다….." 하는 식으로, 전혀 시간을 쓰고 연구할 내용이 아닌데도 지나치게 과장하는 태도에서 거부감이 생겼다.

요즘 증권회사나 금융기관에서 치열하게 영업활동을 하고 있음을 많이 보게 된다. 예컨대 ELS(Equity Linked Security, 주가연계증권) 상품 등에 대한 DM(Direct Marketing, 직접 마케팅)과 휴대폰 문자가 마치 홍수처럼 쏟아져 들어오지만 고객의 관심을 전혀 끌지 못하는 천편일률적인 인사말이거나 아니면 획일적인 상품설명들이다. 특정고객을 위한 맞춤형 메시지가 아니면 감흥이 없다.

고객에 대한 진정성이 있는 관심과 애정을 표시하는 것이 중요하며, 고객과 고객회사의 주요 관심사항들에 대한 꾸준한 관심과 연구가 필요하다. 그렇게 하다 보면 어느 날 남다른 성과를 볼 수가 있을 것이다.

딱 한 발짝 앞섰더니…

　2007년 6월 1일 오후 하노이 부근 골프장에서 출발한 버스 두 대가 골프 라운딩과 중식을 끝낸 J회계법인(이하 '법인')의 파트너(Partner, 파트너십의 출자임원) 일행을 태우고 하롱베이로 이동하고 있었다. 전날의 행사와 밤늦게까지 이어진 여흥 그리고 오늘 아침 골프와 중식까지 끝내고 난 후인지라, 한 사람 한 사람씩 서서히 버스 안에서 잠에 빠져 들어가고 있었다.

　그렇게 몇 시간이 지나서 대부분이 잠에 들고 난 후에 갑자기 내 휴대폰 벨이 울렸다. K부대표로부터 온 전화였다.

　"대표님, 우리가 이겼습니다!"

　어제 서울 여의도 KB국민은행 본점에서 IFRS(International Financial Reporting Standards, 국제회계기준) 회계시스템 구축을 내용으로 하는 한국에서의 첫 번째 IFRS 프로젝트 수주를 놓고 'Big 4' 모두가 경쟁을 했고 용역제안서들을 발표했다. 나는 용역제안서 발표에 직접 참가하여, J회계법인의 대표이사로서 KPMG해외법인의 IFRS전문가들이 KB국민은행 프로젝트에 대한 참여약속을 반드시 지키도록 하겠다고 다짐했다. 약 2시간에 걸친 우리 용역제안 팀의 PT와 연이은 질의응답에 대한 KB측 심사위원단의 반응이 매우 긍정적이란 느낌을 받았다. 수주일간 주야로 PT 준비를 했던 용역제안 팀들 역시 잔뜩 상기되어 있었다.

나는 이들 한 사람 한 사람과 악수하면서 격려해 주었고, 다음날에 있을 회계법인 선정결과 발표를 보고 난 후에 연례 파트너 리트리트 행사(Annual Partners Retreat)에 합류하겠다는 K부대표를 남겨두고, 하노이에서 열리는 '2007 Partner Retreat'에 참가하고 있던 중에 승리의 낭보를 접하게 된 것이다.

"응, 그래요? 수고 많았어요! KB은행으로부터 공식적으로 통보받았다는 거죠!"

잠이 든 파트너·회장단 분들을 염려해서 작은 목소리로 응대하고 있었음에도 앞뒤 좌석에서 모두 알아채고는 온 버스 안이 요란스럽게 환호성이 터져 나왔다.

"우와, 이겼다!"

"대표님, 축하합니다."

"아닙니다. 모두가 수고가 많으셨지요."

축하와 덕담이 한동안 오가는 가운데 축제분위기는 하롱베이의 유람선으로까지 연결되었다. 정말 지금도 그 행복감을 잊을 수 없다.

경쟁이란 일련의 과정은 '흥분 · 설렘 · 쾌감'의 연장선상에 있었던 것 같다.

IFRS 용역기회를 위해서 모든 준비작업을 완료한 후에도 오랜 기다림이 있었고 어느 날 드디어 기다리고 기다리던 대한민국 IFRS 프로젝트 1호라는 경쟁기회가 왔을 때의 흥분, 최선을 다해서 경쟁한 후의 진인사대천명(盡人事待天命)의 설렘, 그리고 오늘의 승전의 낭보가 주는 짜릿한 쾌감!

프로(Professional, 직업적 전문가)가 용역의 기회를 놓고 프로답게 마음껏 경쟁하였고, 전문가로서의 명예가 따르는 국내 최초의 IFRS 프로젝트 기회를 획득할 수 있게 된 것이 감사하고 자랑스러웠다.

"큰 전투를 앞두고 겁을 먹지 마라. 겁먹는 순간에 지는 것이다. 살아남는 가장 확실한 방법은 백발백중의 활솜씨도, 전광석화의 칼솜씨도 아니다. 그것은 겁을 먹지 않는 것이다." - 이정명의 『뿌리 깊은 나무』 중에서.

그러나 목숨을 걸고 큰 전쟁터에 나가는 장수가 어떻게 하면 겁을 먹지 않을 수가 있을까?

그것은 승리에 대한 자신감이고 자신감은 충분히 피와 땀을 흘려서 전력을 키웠을 때 가질 수 있는 것이다.

2005년 독일을 비롯한 EU국가들이 IFRS를 도입한 이후, 나는 우리나라 회계당국의 움직임과 업계의 동향에 대해서 특별한 관심을 가지고 예의주시했다. 관계당국과의 토론과 협의 기회가 있을 때마다 직접 참석하여 동향을 파악하고, 우리나라의 IFRS 도입 전망을 나름대로 예측하고 있었다.

2006년 초에 나는 드디어 회계법인 대표로서 재임기간 중에 도전해 볼 만한 엄청난 과제를 찾아낸 것이다. 우리 정부가 회계투명성에 대한 국제금융 시장에서의 신뢰를 회복하기 위해서, 기업들로부터의 반대와 거부감이 있음에도 불구하고 강력한 의지를 가지고 IFRS 도입을 추진할 수밖에 없겠다고 판단하고 IFRS 도입과 관련한 용역기회를 우리 법인이 선점할 수 있도록 서둘러서 준비해 나가기 시작했다.

IFRS 도입을 자문한 경험이 없었지만 J회계법인(이하 '법인')은 2000년 이후 해마다 인력개발을 위하여 해외연수를 적극적으로 실시해왔기 때문에 IFRS를 빨리 습득하여 소화하고 부가가치를 고객에게 전달할 수 있는 잠재력이 있는 회계전문가들을 상당수 확보하고 있었다. 그러나 이들은 각 사업본부에 뿔뿔이 흩어져 있었고 각각 나름대로 다른 분야의 일들에 몰입해 있는 실정이었다.

다가올 IFRS 관련 서비스 시장을 예상해서 해외연수 경력이 있는 회계인력들을 하나의 본부(Global Accounting Service, GAS)로 모아서, 당장 하고 있던 수익창출 업무에서 손 떼고 장래를 위한 연구와 독일의 IFRS 도입사례와 경험·기술 전수에 전념토록 조직개편을 감행했다.

이들 전문인력들은 여러 본부에서 본부장들이 나름대로 가장 소중하게 활용하고 있어서, 새롭게 신설하는 GAS 본부로 전출되는 것이 못마땅할 수밖에 없었다. 인간은 본능적으로 변화를 싫어한다고 했지!

우선 '법인'의 각 사업본부별로 그동안 해외 KPMG 사무소 근무경력이 있는 매니저, 디렉터들 명단과 각 본부에서 수행하고 있는 외국 회계기준과 감사기준에 따른 감사업무 부담들을 정리한 자료를 확보했다. 이 자료를 토대로 각 사업본부로부터 차출할 전문직 매니저들을 일단 내 나름대로 초안을 만들어서, 본부장회의에서 GAS 신설과 다가올 IFRS 특수경기에 대비할 필요성을 설명하고 각 본부장들이 인력운용에 고충이 있더라도 대승적 차원에서 인력차출에 협조해 줄 것

KPMG 독일 Office에서 IFRS 연수 후
파트너들과 함께. (2007)

KPMG 독일 Office.

KPMG 독일 파트너가 내한하여 J회계법인
IFRS 본부에 경험과 기술 전수. (2007. 4)

을 요청하여 조직개편을 해나갔다.

GAS 본부가 IFRS 용역을 수주해서 GAS 본부에 귀속하는 구조가 아니라, 기존의 각 사업본부와 함께 수주활동을 해서 그 수익은 "여러분들 사업본부에 귀속시키고 GAS 본부는 비수익 본부로서 여러분들 사업본부를 지원하는 부서입니다."라고 강조했다.

한편으로는 이들 장래의 IFRS 전문용역 팀들이 '두뇌 중의 두뇌'로서 핵심인재라는 자부심을 갖고 연구하고 탐구하는 활동을 독려했으며, '법인'의 당시 금융본부 본부장은 이미 IFRS 용역준비 팀을 가동하고 있었으며, 2005년 이후 IFRS 도입과 관련하여 유럽지역에서 많은 프로젝트를 수행했던 KPMG 독일에 법인의 IFRS 용역준비 팀 멤버들을 수개월간 벤치마킹 출장을 보내기도 했다.

우리는 이렇게 종합적인 '법인' 차원의 대비를 해왔으나, IFRS 시장이 막상 열릴 듯 열릴 듯하면서도 좀처럼 움직이지 않고 있었다. 모든 제1금융권의 은행이나 기업들이 검토와 연구만 하고 막상 IFRS 도입에 대비한 작업들에 착수하질 않고, 서로가 다른 회사의 동향들만 살피고 있는 상황이었다.

2007년 5월 드디어 KB국민은행이 소신 있게 나섰다. 'IFRS 도입을 위한 회계와 IT 컨설팅' 프로젝트를 제안할 기회가 왔고 국내에 'Big 4' 회원사들이 모두 전력투구하는 대접전이 벌어진 것이다.

이 중요한 프로젝트 기회를 잡기 위해 지난해부터 우리가 얼마나 많은 준비를 해왔던가? 그 승부를 가리는 PT가 마침 '법인'이 해마다 회계연도 말(3월 말) 결산과 파트너들의 실적평가까지 끝내고 축제 한 마당을 펼쳐서, 파트너들의 지난한 사업연도의 노고를 서로 위로하고 격려하는 행사(Annual Partners Retreat)를 시작하는 날에 실시된 것이다.

'법인'의 IFRS 용역 팀들은 하노이행 비행기를 타는 대신에 KB국민은행에서 생사를 결판내는 심정으로 전투를 하고 있는 것이었다. IFRS 용역 팀의 PT가 끝나고 좋은 결과가 있을 것 같은 기대에 부푼 마음으로 시원한 맥주 한 잔을 찾아다녔던 순간을 지금도 잊을 수 없다. 5월 말인데도 무척 더운 날씨였다.

그 후 '법인'은 국내 최초로 KB국민은행의 IFRS 도입 관련 프로젝트를 수주하였기 때문에, 한국의 IFRS 용역시장을 선도하는 마켓리더로서의 유리한 입장에서, 금융업과 비금융 대기업들로부터 IFRS 프로젝트를 상대적으로 큰 힘 들이지 않고서도 대거 수임할 수 있었다. 그뿐만 아니라 IFRS 회계시스템의 구축을 계기로 다른 IT시스템도 설계·구축하는 컨설팅 용역이 뒤따르는 경우도 많았으며, 이후 수년간 '법인'이 IFRS 관련 용역시장에서 약 1,500억의 수입을 확보하게 되었다.

경쟁법인들보다 한 발짝이라도 앞서서 고객의 요구를 미리 내다보고 인력개발투자를 하였고, KPMG 국내·외를 막론하고 동원 가능한 최고의 IFRS 전문인력들을 조직화하여 다가올 경쟁에 대비한 덕분에 짜릿한 승리의 쾌감을 맛본 것이었다.

신뢰받는 프로페셔널 어드바이저
(Professional Advisor)

회계사를 포함한 '프로컨설턴트'는 고객과 신뢰받는 전문가로서의 관계를 구축하고 유지해 나가야 한다. 고객과의 관계는 한번 튼튼하게 구축해 뒀더라도 좋은 관계가 더 굳건하게 발전하든지 아니면 쇠퇴하여 점차 사라지든지, 어느 쪽으로든 움직이는 것이어서 결코 제자리에 그냥 있는 법이 없다.

서양 사람들이 흔히 사용하는 인상적인 표현이 있다. "Nothing in-between GROW and DIE relationship!"

고객을 대할 때 '프로컨설턴트'는 겸손한 자세로, 그리고 고객에 대한 관심과 애착을 가지고 연락을 계속해야 한다. 'Big 4'(국제적 규모의 4대 회계법인과 업무제휴한 회계법인)를 위시한 대형 회계법인에서는 '프로회계사'들을 조직관리상 필요에 의해서 직급을 부여하여 대표, 부대표, 전무, 상무 등의 호칭을 사용하고 있다.

그러나 이런 직급은 회계법인 내부 관리에서만 의미가 있는 것이고, 고객과 시장에서는 단지 신뢰받는 전문가냐 아니냐만 있을 따름이다.

　　나는 대표나 전무 호칭이 있을 때에도, 고객 회사의 초급 책임자나 평사원들도 CEO, CFO를 대할 때와 똑같이 겸손한 자세로 만나 직접 대화를 나누면서 자문을 제공하고, 그들이 필요로 하는 일들이 어떤 것인지 알아내고자 노력했다. 우리 모두가 고객 앞에서는 계급이 없는 '프로컨설턴트'일 따름이다.

　　『설득의 심리학(The Psychology of Persuasion)』이라는 책으로 우리에게 잘 알려진 사회심리학자인 애리조나 주립대학교의 로버트 치알디니 교수는, 사회적 상호작용(Social Interaction)과 선택(Choice)의 원리로서 다음의 6가지 원칙을 제시했다. 이 6가지 원칙에 따라서 잘 수립한 전략은 신뢰관계 구축과 유지에 도움이 될 것이다.

1. 상호주의(Reciprocity)

2. 호감(Liking)

3. 신뢰감(Credibility)

4. 일관성(Consistency)

5. 합치(Consensus)

6. 희소성(Rarity)

상호주의 (Reciprocity)

사람들은 자기에게 도움을 준 사람들한테 뭔가를 보답하고 싶어 한다. 따라서 '프로컨설턴트'는 용역 할 기회를 추구하는 영업을 하기 전에 고객에게 이득이 되는 무엇을 먼저 줄 수 있는 컨설턴트가 되어야 한다.

이런 각도에서 'Big 4'를 위시한 대형 법인들은 다양한 산업 및 지역 내 비즈니스의 실태 및 전략에 관하여 정기적으로 리서치를 수행한다. 목표고객과의 관계설정 또는 기존고객과의 관계강화를 위하여 LP(Lead Partner, 특정 그룹회사 고객에 제공하는 각종 서비스를 총괄 지휘하는 파트너)들은 CEO들에게 관심 분야(예: 특정 시장에 대한 진입전략)를 주제로 하는 관련된 리서치 보고서를 제공하기도 한다.

호감 (Liking)

사람들은 본인들이 좋아하는 사람들과 비즈니스를 하고 싶어 한다.

1997년 11월 태국을 시발점으로 아시아권에 불어닥친 유동성 위기의 영향으로 우리나라 경제는 IMF의 관리하에 들어갔다.

1998년 4월에 발족한 금융위원회가 나서서 금융 구조조정 작업에 착수하고 1998년 어느 날 부실 금융기관으로서 제일은행과 서울은행의 구조조정 계획을 평가하는 프로젝트를 놓고 당시 'Big 5'('Big 4' + 현재는 소멸된 Arthur Anderson & Co.)가 경합을 했다. 금융연구원이 주관하는 용역 제안 설명회가 YWCA 회관에서 있었고, 이 용역 기회를 잡기 위해서 당시 KPMG US Firm의 금융 부문 최고 책임 파트너(Partner, 파트너십의 출자임원)였던 유진 오켈리(Eugene O'Kelly, 2002. 4 CEO 취임, 2006년 작고, 『Chasing daylight』의 저자)를 위시한 우수한 금융 전문가들이 D회계법인의 금융 부문 서비스 전문가 팀과 합작으로 용역제안서를 발표했으며, 당시 금융연구원의 G선임연구원은 설명회 후 조우한 나에게 D회계법인의 프로젝트 팀이 '드림 팀(Dream Team)'이라는 극찬을 했다.

그러나 용역제안서만 우수한 내용으로 제시해 놓고 금융 당국과는 전혀 사전·사후 접촉이 없었던 D회계법인에게 통보된 결과는 낙방이었다. 그 당시 D회계법인은 이 프로젝트의 소관기관과 전혀 의사소통 채널이 없었으며 소위 '고객관계설정(Client Relationship)' 자체가 없었던 상황이었다.

가만히 앉아서 저절로 찾아온 용역제안 기회를 획득해 보겠다고, 용역제안서의 내용을 충실하게 하여 차별화된 우수한 서비스를 할 수 있음을 제출자료에서 강조하는 데에만 전념했던 것이다.

고객은 호감(Liking)을 가질 수 있는 전문가 조직을 찾을 것이고, 상호 간에 감정이입을 기초로 생성된 고객관계가 설정되어 있을 때 비로소 선택받을 수 있는 것이다. 그 당시 관계기관과의 관계(Relationship) 설정이 취약하여 세계적인 KPMG의 우수한 금융전문가 팀이라는 강점이 무용지물이 되었다. 그 후 나는 유진 오켈리를 생각하면 한국의 KPMG 회원사가 허약하여 그들의 노력이 허사가 된 것 같아서 항상 미안한 마음을 떨칠 수가 없었다.

아래 도식에서 볼 수 있듯이 고객에게 호감을 줄 수 있고 전문가로서의 경륜과 능력이 뛰어난 컨설턴트라야 '신뢰받는 프로컨설턴트'인 것이다.

고객회사의 사람들을 만나서 명함을 교환하고 미팅이나 식사를 한 후 잊어버리기 전에, 명함에 나타나지 않는 출신학교·학번·나이·취미 등 개인적인 정보를 메모해뒀다가 차후에 상대방의 호감을 얻는 데 유용하게 활용할 수도 있다. 분명한 것은 고객의 지갑보다 고객의 '마음'을 먼저 열어야 한다는 사실이다.

현재고객 또는 목표고객과의 모든 미팅은 호감을 강화함으로써 신뢰관계를 구축할 수 있는 기회이다. 고객과의 미팅을 가진 후에 소중한 시간을 할애해 준 데 대하여 간단하게 감사편지(Thank-you Note)를 보내는 것도 좋은 습관이다.

30대에 모 외국은행 서울 지점장을 하고 있던 나의 친구는, 당시 회계사 업계에 명성이 있던 어떤 회계법인의 대표가 자신을 만난 후 그 은행 본점에 있는 상관에게 보내는 감사편지에 서울 지점장이 유능하고 훌륭하다는 내용을 곁들인 것을 알고 무척 고마워했었다.

'프로회계사'는 고객에게 호감을 얻어야 하고 전문가적인 능력을 발휘함으로써 장기적인 신뢰관계를 구축해야 한다.

신뢰감 (Credibility)

우리는 현재의 고객과 잠재 고객으로부터 전문가로서의 신뢰를 받을 수 있어야 한다. 대중적인 물건을 대량으로 판매하는 길거리 매장의 점원과 같은 방법의 영업을 해서는 안 된다. 고객의 사업에 대하여 공부하고 연구하여 고객의 취향과 요구사항에 맞는 서비스 상품을 제시할 수 있어야 한다.

고객들로부터 일류 전문가라는 인정을 받으려면

첫째, 고객의 관심분야에 대해서 매우 많이 아는 박식한 모습을 보일 수 있어야 한다.

에너지 절약 기능이 우수한 파이프 등을 생산·판매하는 어떤 회사는 영업사원이 모두 엔지니어 출신으로서 그 회사의 고객들로부터 품질과 기술적 서비스 능력에서 굳건한 신뢰를 받았고, 소위 '세일즈 엔지니어링(Sales Engineering)'을 해냄으로써 동 업계에서 1위의 시장점유율을 유지하며 엄청난 성공을 지속적으로 해나가고 있는 사례를 지난 30여 년간 보아왔다.

둘째, 자신의 가장 큰 장점 및 최상의 예를 제시하기 이전에 자신의 부족한 점, 취약한 점을 먼저 인정하고 난 후에 강점과 특장을 말한다면, 훨씬 더 효과적으로 상대방의 신뢰를 얻을 수 있을 것이다.

일관성 (Consistency)

고객은 회사의 경영정책이나 현재의 회사 입장에서 일관성을 가지고 싶어 하므로, 고객이 공표한 사업계획이나 가치관 등을 참고하여 '프로컨설턴트'가 용역 제안을 해야 할 것이다.

합치 (Consensus)

사람들은 가끔 다른 사람들이 하고 있거나 해왔던 것을 참고하여 특정 상황에 무엇을 할지를 결정한다. 기업의 CEO들은 컨설턴트의 자문을 듣고 싶지만, 동시에 동 업계의 다른 기업의 CEO 등의 임원들로부터 조언을 듣거나 의견교환을 함으로써, 최종 경영의사 결정에 참고하고 싶어 하는 욕구가 있다.

따라서 불확실한 경제·경영 상황하에서 비슷한 상황에 있는 동종 업계의 경영방침 등은 고객회사에게 대단히 유용할 수 있다.

J회계법인이 해마다 신년벽두에 실시하는 CEO/CFO(Chief Financial Officer, 최고재무책임자) 초청 조찬세미나는 자연스럽게 수백 명의 최고경영자들의 집회가 되어서 이러한 고객의 욕구를 충족시키는 데에도 도움이 되었다.

희소성 (Rarity)

희소하거나 없어지는 것에 대해서 사람들은 더욱 갈망한다. 따라서 "귀하가 이렇게 하시면 이러한 이점이 있습니다."라고 말하기보다는,

"이렇게 하시지 않으면 이런 손해가 생깁니다."라고 충고하는 것이 더욱 효과적이다.

'C-Level(CEO, CFO 등 임원)' 경영진들은 잠재적 미래 손실에 대한 정보를 잠재적 미래 이익에 대한 정보보다 더 가치 있게 생각하기 때문이다.

회계사도 국어를 잘 구사할 줄 알아야 한다

나는 1981년 미국연수를 마치고 귀국한 후부터 근 30년간 회계법인의 대표가 된 후에도 출근 전에 반드시 새벽반 영어 학원을 하루도 빠짐없이 다니면서 KPMG의 주요 외국기업 고객을 담당하는 파트너로서 업무상 영어를 많이 사용하는 회계사였다.

외국기업 고객의 CEO나 재무담당 임원들과 식사를 하면서 한국 음식문화를 소개하는 일이 많았다. 김치, 불갈비 이외에도 해파리냉채, 게장, 수정과 등 한정식에 나오는 다양한 반찬들을 설명하는 데 진땀을 뺀 일이 한두 번이 아니었다.

시내 일류 한식당의 영어 메뉴판을 구해서 자주 들여다보면서 암기하려고 애쓰기도 했다. 영어 팝송도 몇 가지 연습해 보기도 했고….

열정과 집념을 가지고 이렇게 꾸준히 노력을 한 것이 나의 회계사 커리어(Career)에 큰 도움이 되었다. KPMG 회원사 간에 연락할 일·협의할 일 등의 국제 업무와 다국적 기업의 한국 진출에 관련한 업무협조 등을 관장하는 KPMG Korea의 소위 'International Contact Partner'로 임명되어 활동하기도 했다.

매일 새벽에 영어회화 학원을 다니다 보면 회계사 업계의 야망 있는 젊은 후배들을 만나기도 했다. 특히 자유대화 시간에 나를 알아보는 후배들이 있어서 당황한 순간이 한두 번이 아니었지만, 중단하지 않고 꾸준히 다녔다. 30여 년간 하루에 최소한 한 시간만이라도 영어로 말하는 것을 하루의 일과로 지켜왔다. 영어수업 참석이든가 아니면 외국기업 고객과의 미팅 혹은 식사대접이든가 상관없이….

과거에는 많은 공인회계사 선배·동료·후배들이 국제화 시대에 영어 소통의 어려움을 많이 겪었던 것이 사실이었고, 이러한 어려움을 극복하려고 많은 노력을 했던 것이다.

그런데 우리 국어를 글로 쓰고 말로 표현하는 데는 문제가 없는가? 나는 '프로회계사'는 국어를 제대로 사용하여 자기의 뜻을 효율적으로 간결하고 적확하게 표현해야 하며, 경우에 따라서는 고객을 설득하고 이해시키는 능력이 영어 못지않게 절실하다고 생각한다.

1998과 1999년에는 금융 당국의 금융 구조조정 과정에서 국제적인 회계법인, 즉 'Big 5'가 등장하여 '금융기관 재무개선계획'을 평가하는 작업을 하고, 엄청난 분량의 평가보고서를 국·영문으로 발행하게 되었다. 여기서는 해당 기관의 상황과 현상에 대하여 정확한 사실(Facts)을 서술하고 문제점과 대책 등을 표현함에 있어서 정확하고 효과적인 의사 전달이 필수적이다.

금융기관뿐만 아니라 일반 기업 부문에서도 구조조정 관련 국·영문 보고서를 'Big 5' 회계법인이 발행하는 일이 많았다. 여기서 놀라운 일은 담당 파트너로서 두툼한 영문보고서 작성을 크게 걱정하고 있었는데, 스태프 혹은 매니저 직급의 회계사들이 작성한 국문보고서를 읽어보니 도무지 뜻이 통하지 않는 문장이 대부분이었다는 것이다.

한 문장 안에서 주어가 아예 없거나 둘 이상의 주어가 등장해서 당황하는 경우도 많았다. 아뿔싸, 학교 다닐 때 국어와 논술 교육이 잘못되었구나! 이런 보고서에 어떻게 'Big 4' 회계법인의 서명을 해서 내보낼 것인지, 앞이 캄캄했던 기억이 있다.

항상 다루던 차변·대변의 숫자와 요약표(Table), 그리고 틀에 박힌 짧은 몇 줄의 문장이 담긴 회계감사 보고서와는 전혀 딴판이었다.

또한 구술 표현력은 '프로회계사'로서, 업무수행과 영업활동을 함에 있어서 절실하다. 영업을 위한 소위 '프레젠테이션(Presentation)', 업무경과보고와 경영 개선권고 등 보고와 설득을 효과적으로 할 수 있을 때 유능한 프로(Professional, 직업적 전문가)가 되는 것이다. 국어를 제대로 쓰는 것은 사실 '프로회계사'·'프로컨설턴트'뿐만 아니라 모든 프로페셔널에게 정말 중요한 일이다.

회사 내부에서 실시하는 새 상품 설명회나 고객 앞에서 용역 제안 혹은 용역 결과 프레젠테이션을 할 때 발표자는 제한된 시간 안에 짧게, 그러나 주요사항은 빠짐없이 명쾌하게 전달해야 한다. 직업이 연설이나 강의인 분들처럼 뛰어난 유머를 구사하고 리듬을 타고 흐르는 듯한 억양으로 청중을 완벽하게 사로잡지는 못하더라도, '프로회계사'·'프로컨설턴트'로서 상대방에게 전하고자 하는 지식이나 정보를 명쾌하고 간결하게 전달할 수 있어야 한다.

어느 날 아침 8시에 있었던 새 상품 설명회에서는 몇 명의 발표자가 나와서 각자 10분간의 발표와 질의응답이 있었다. 발표자들이 조금씩 시간을 초과 사용하게 되면 중반 이후 발표자들은 마이크를 잡고 으레 "시간이 많이 지체됐으니 저는 XXX에 대해서 짧게 하겠습니다." 하고 시작했다.

준비한 슬라이드 자료를 하나하나 순서대로 짚어가다가 결국 당초 준비한 대로 시간을 다 쓰게 되어 "짧게 하겠습니다."라는 공허한 다짐이 10분 만에 들통 나 버린다. 심지어 마지막 페이지에 와 있는데도 모르고 한 장 더 있다고 착각했다가 당황하기도 한다. 발표자가 발표할 내용을 완전하고 확실하게 숙지하여, 핵심메시지 부분과 주변설명 부분을 구분하고 상황에 맞춰서 신축성 있게 축소 또는 확장할 수 있어야 한다.

나는 국제적인 회계·컨설팅 조직의 '프로회계사'로서 외국기업 고객사와 많은 대화를 해야 했을 뿐만 아니라, 한국시장의 유수한 기업 고객 혹은 산업분야에서 수많은 발표와 토론을 하게 되었다. 정형화된 회계감사 보고서나 세무조정 계산서, 그리고 각종 컨설팅 보고서를 다루는 것만으로는 '프로회계사'들의 역할을 완성할 수 없음을 알게 되었다.

마침 '언어문화개선 범국민연합'을 결성하는 움직임도 있다고 한다. 국어 대각성운동이 절실하다. 자기 생각을 정확하게 그리고 체계적으로 조리 있게 표현할 수 있어야 한다.

"인간에게 가장 중요한 힘은 표현력이며, 현대의 경영이나 관리는 커뮤니케이션에 좌우된다."는 피터 드러커의 말을 명심하자.

이런저런 사람들을 만났다

생활 가운데서 보고 들은 얘기들 중에서도 '고객에게 어떻게 응대해야 좋을까?'를 생각하게 하는 사례들이 있다.

현재 우리나라의 대형 법인 특히 'Big 4'에서는 상위 직급의 파트너에게는 법인에서 비서와 기사를 제공하는 경우가 많다.

어떤 파트너는 습관적으로 비서를 시켜서 고객과 미팅이나 식사약속을 하는데 상대방이 비서를 거치지 않고 곧바로 전화를 받게 되면 결례가 된다. 특히 휴대폰으로 전화할 때는 거의 직접 받게 되어 회계사의 비서가 기업고객의 C-Level 임원과 직접 대화하는 상황이 벌어져서 고객이 불쾌해하는 경우를 가끔 본다.

골프장이나 식당에서 미팅 후에 헤어질 때 고객의 차량이 먼저 출발하도록 배려를 하는 것이 좋다. 흔히 기사들이 눈치 없이 먼저 차를 갖다 대는 경우가 많아서 미리 신경 써야 하는 부분이다.

60대 할머니가 어느 대형 병원에서 진료를 받으면서 걱정스럽게 이 것저것 물어보자, 의사 왈 "아, 교사 출신이시라 그런지 말씀이 많기 도 하네요." 하면서 대꾸도 제대로 하지 않고 다음 환자 보겠다고 일 어서더라는 얘기를 들었다.

또 다른 어느 환자는 혈액검사 결과를 바탕으로 진료를 보는 의사 에게 방금 들었던 설명을 한 번 더 물어봤더니, 쌀쌀맞게 응답하기를 "나는 앵무새가 아니거든요!"여서 무척 당혹스러웠다는 이야기이다.

아이러니컬하게도 바로 그 순간에 그 병원은 환자를 고객이라고 호 칭하면서 '고객감동'을 주겠다고 큼지막한 포스터를 걸고, 병원 입구 로비에서는 환자들을 붙잡고 허그 캠페인(Hug Campaign)을 벌이고 있었 다고 한다. 병원장과 일부 직원들만 나선다고 고객감동을 구할 수는 없을 것이다.

어느 날 아침 아파트 단지 내 피트니스센터를 다녀오는 길이었다. 아파트 관리회사 직원과 마주쳤는데 유니폼을 입은 직원이 깍듯이 인 사하기에, 내가 엘리베이터 안에 설치된 IPTV 운영방법에 대해서 한 가지 건의를 했다.

그러자 그의 첫 반응은 "그것은 상황실에 얘기해 주세요."였다. 나 는 실망감을 느낄 수밖에 없었다. 만약 그 직원이 한마디만 덧붙여서 "그렇지만 제가 말씀을 상황실에 전해 드리겠습니다."라고 할 수 있게 교육되어 있었다면, 우리 아파트가 일류 아파트라는 호평을 들을 수도 있을 텐데….

또 내가 '프로회계사' 생활을 하면서 직접 경험한 일들 몇 가지도 기억에 남는다.

20여 년 전 어느 날 저녁, K라는 고객사의 회계담당 임원 등과 가까운 민물장어 전문 식당에 가서, 기분 좋게 포식을 하였다. 돌아오는 길에 고객 분의 자택이 한동네인지라 모셔다드렸는데, 그 고객이 뒷좌석에 앉아서 만취한 상태로 알 수 없는 말을 몇 마디 하더니 운전 중인 내 뒤통수를 쥐어박는 것이 아닌가? 아마도 평소에 쓰던 회사의 운전기사로 착각?

어이가 없었지만 나는 직감적으로 모른 척하고 넘어가야 이분이 난처하지 않겠다고 생각했다. 평소에는 무척 내성적이고 겸손하기 짝이 없던 분이시라 만약 이런 일이 있었다는 걸 알게 되면 그분은 두 번 다시 나를 만나지 못하고 피해 다니셨을 것이다. 때로는 상대방의 의도치 않은 잘못은 조용히 덮고 넘어가는 것이 상대방을 배려하고 좋은 관계를 지속해 나가는 지혜라는 생각을 했었다.

한 윤활유 유통업체의 한국인 회계담당 이사가 전화해서 나를 호출하기에 서둘러 그의 사무실로 갔더니, 전후 사정설명도 없이 회계감사 계약을 바꾸겠다는 일방적인 통보를 해왔다. 그동안의 노력에 대한 의례적인 감사인사 한마디도 없이…. 아마도 이 회사는 외국법인 서울지사로서 본사의 감사인이 다른 'Big 4'였기 때문으로 이해가 되었으나 참으로 덜 성숙한 태도(Manner)를 보여주는 40대 초반의 경리책임자였다. 그때 나는 열과 성을 다해서 담당하는 고객을 잘 관리하고 있다는 '프로회계사'로서의 자존감에 큰 상처를 받았다. 내가 갑이 되면 적어도 이 사람처럼 무심하게 행동하지 않겠다고 결심했었다.

위의 경우와는 달리 어떤 복사기 제조업체의 CEO는 1998년 어느날 내 사무실을 정중히 예방해서 일본에 있는 모 회사의 감사인이 E회계법인으로 변경된 탓에 한국에 있는 자회사로서 감사인을 변경할 수밖에 없음을 설명하고, 그간의 전문적 서비스(Professional Service)에 감사드리며 앞으로도 감사 이외의 자문 서비스 등은 계속해 달라는 배려의 코멘트와 함께 간단한 선물까지 주고 갔다.

그 세심한 배려와 예절에 나는 무척 큰 감명을 받았는데 현재도 타카수기 씨와는 왕래하고 있다. 그는 한국의 비즈니스 커뮤니티에서 잘 알려진 인물이며, A사를 퇴임한 후 10년이 지난 지금도 모 법무법인에서 근무 중이다. 내가 만약 '甲'의 입장이라면 이분처럼 품격 있는 행태를 보여줄 수 있을지 오히려 나 자신을 돌아보게 된다.

회계사 업계 37년의 수많은 고객관계를 돌이켜볼 때, 마지막 두 케이스는 확실한 대조를 이루는 생생한 기억으로서 아직도 남아 있다.

사람을 감동시키는 것에 정해진 공식이나 규칙이 있는 것은 아니다. 다만 상대방의 작은 것 하나까지 배려주고 있음을 느끼게 될 때 감동은 저절로 따라올 것이다.

따뜻한 소통을

　나는 '프로회계사'로서 많은 분들을 만나고 서로 신뢰하고 가깝게 지내고 있다. 첫 만남 이후 몇 차례 왕래가 있고 나면 흔히 듣게 되는 얘기가 "첫인상은 차가웠는데 알고 보니 정이 많다."라는 것이다. 마른 체격에 콧날이 오뚝하고 날카롭게 생겨서 그런지, 첫인상에서 상대방으로 하여금 푸근한 느낌을 주지 못하기 때문인 것 같다.

　그러나 나는 항상 상대의 이야기를 주의 깊게 들어줌으로써 그 사람이 중요한 존재라는 느낌을 갖게 해주었다. 상대방을 바라보며 이야기를 듣고 상대방의 말을 끊지 않을 정도로 가끔 맞장구도 치면서 끝까지 들어주는 태도는 상대를 기분 좋게 하고 좋은 관계를 맺는 데 큰 도움이 된다고 한다.

　내 나름대로 고객이든 누구든 사람을 대할 때 나를 내세우지 않고 상대방을 존중하며, 내가 말하기보다는 상대방의 얘기를 경청하고, 상대방의 능력과 특장을 파악하여 항상 존경을 표시한다. "칭찬은 고래도 춤추게 한다."는 말을 잊지 않았다.

업무에서든 가족 간이든 가까운 친구 사이이든 상대방과 서로 공감(Empathy)하는 능력이 있다면 좋은 인간관계를 가지게 되고 자연스럽게 성공이 뒤따른다고 한다.

조미나, 한철환 등의 IGM세계경영연구원들이 쓴 『세상 모든 CEO가 묻고 싶은 질문들』책에 나온 글들이, 사람을 많이 만나게 되는 프로페셔널들에게 좋은 참고가 될 수 있는 있을 것 같아 여기 소개한다.

마음을 열어주는 경청 방법

7:3의 법칙을 지켜라

대화시간의 70%는 상대의 말을 듣는 데에 쓰고, 30%는 말하는 데에 사용하는 것이 좋다. 상대방의 말을 잘 듣는 것은 설득을 위한 가장 고급스러운 기술이다. 경청의 비율이 높을수록 상대는 더 많은 진심을 보여줄 것이다.

적극적으로 공감하라

상대가 느끼는 감정에 적극적으로 동의하는 기법을 '백 트랙킹(Back Tracking)'이라 한다. 고개를 끄덕이거나 "그랬군요." "정말요?" 등의 추임새를 넣어주는 것이 좋다.

섣부른 판단은 금물이다

이야기를 듣는 도중 섣불리 옳고 그름을 판단하거나 해결책을 제시하려 해서는 안

된다. 이런 일이 반복될 경우 상대는 더 이상 대화하기를 포기하고 입을 다물고 만다.

비언어적 방법을 활용하라

제스처, 눈맞춤, 억양 등 비언어적 요소를 적절히 활용하는 것이 좋다.

관심을 나타내는 질문을 하라

말을 듣는 도중 사실이나 정보를 확인하는 질문보다는 상대방의 감정이나 태도를 묻는 질문을 하는 것이 좋다.

잠재력을 이끌어내는 칭찬 방법

근거를 들어 구체적으로 칭찬하라

칭찬에 구체적인 근거가 더해지면 상대방은 자신이 왜 칭찬을 받는지 그 이유를 분명히 알게 된다. 그 때문에 다음에도 그 부분에 더욱 주의를 기울이게 된다.

결과보다는 과정을 칭찬하라

과정에서 기울인 노력을 칭찬해 주면 상대는 더 큰 감동으로 받아들일 것이다. 그뿐만 아니라 실패를 두려워하지 않고 더 큰일에 도전할 수 있는 용기를 얻게 될 것이다.

상대방의 영향력까지 칭찬하라

칭찬은 고래도 춤추게 하는 마법 같은 힘이 있다. 칭찬을 받은 사람은 주변인과 조직에 긍정적인 영향력을 주는 사람으로 변해갈 것이다.

업무 외적인 상황에서 칭찬하라

때로는 격식을 갖춘 자리에서 듣는 칭찬보다 일상적인 상황에서 듣는 가벼운 칭찬이 더 큰 감동이 된다.

진심을 다해 칭찬하라

얼굴 표정, 목소리, 음색에 진심으로 감사하는 마음을 담아 칭찬하는 것이 좋다.

난 항상 당신을 생각하는 동반자

'프로회계사'들은 이미 계약관계가 설정된 고객 혹은 장래의 잠재고객과, 감사나 컨설팅 업무수행을 위한 대화뿐만 아니라 각종 커뮤니케이션이 있기 마련이다. 이러한 인간관계에서 중요한 것은 상대방에 대한 따뜻한 관심과 배려이다.

나는 이러한 업무상의 커뮤니케이션 이외에 개인적인 인간관계 유지에도 나름의 노력을 기울였다. 같은 시대를 살아가면서 만난 사람들과의 인연을 소중히 여기고 상대방이 잘되기를 빌어주고 축하하고 격려하면서 살고자 했다.

그 노력들 중 하나가 바로 고객사의 주요 인사들과 가끔 '좋은 글'을 주고받으면서 지속적인 대화를 하려 했던 것이다. 내가 읽는 서적들이나 받아보는 메일들 중에서 읽기에 편하고 상대방에게도 참고가 될 만한 좋은 내용이 있으면, 상대방에게 알맞은 것을 세심하게 골라서 메일로 전송했다.

고객에게 좋은 글을 보내거나 도서를 선물할 때 나는 상대방의 나이나 취향 및 가족관계 등을 고려했다. 예를 들어 직장생활을 시작하거나 재직 중인 자녀가 있는 고객들을 선별하여 김화동 전 차관의 저서인 『딸에게 힘이 되는 아빠의 직장생활 안내서』를 선물해서 감사인사를 많이 받은 일도 있었고, 고객사의 실무 책임자들에게는 상사를 모시는 부하들이 유념할 사항들을 정리해둔 〈좋은 부하가 되기 10계명〉이란 글을 추려서 메일로 발송하기도 했다.

CEO/CFO(Chief Financial Officer, 최고재무책임자)분들께 〈좋은 부하가 되기 10계명〉을 보내는 것은 "나는 당신에게 무관심한 사람입니다."라고 외치는 꼴이 될 것이며, 졸업 후 취직 못한 자녀가 걱정거리인 부모에게 무심코 직장인이 참고할 책을 보낸다면 상대에게는 '상처 후비기'가 될 수도 있다.

며칠 전 휴대폰 문자메시지를 받았다.

"내일이 아드님 결혼기념일이군요. 축하해 주시면 좋을 듯합니다. 오늘도 행복한 하루 되세요.

○○○ 드림."

부동산 전문 종합컨설팅 회사를 경영하고 있는 H대표였다. 그는 깜짝 놀란 내게 "주요한 인사 몇 분의 기념일들은 평소에 기록해 둔다."라고 설명했다.

주민등록등본을 보면 쉽게 알 수 있는 생일도 아니고 결혼기념일 그것도 아들의 결혼기념일을 잊지 않고 관심을 표시해 주니, 문자를 받는 입장에서는 감동을 받을 수밖에…. 정말 '사람의 마음을 훔치는 기술'이 될 수 있겠다 싶다.

2008년 미국발 금융패닉을 겪은 이후 2011년 5월에 와서는 한국의 주식시장이 회복하여 코스피(KOSPI)지수 2,200을 마크하였으나, 그 후 다시 수직 하강하여 2011년 8월 3일에는 1,800포인트로 내려가는 등 금융시장 불안이 극심한 상황이었다.

A그룹은 이러한 금융시장의 동향을 미리 내다보고 일찌감치 극비리에 싱가포르 등 해외 금융시장에서 CB(Convertible Bond, 전환사채) 발행을 추진한 결과, 2011년 6월 15일에 약 1조 원의 자금조달에 성공했다. 미국발 금융쇼크로 국제 자금시장이 급속도로 위축되고 있는 상황에서도 좋은 조건으로 자금조달에 성공할 수 있었던 것은 A그룹 회장의 뛰어난 통찰력과 결단력 덕분이었다.

J회계법인의 A그룹 담당 서비스 팀들은 본건 전환사채 프로젝트 팀들과 비밀리에 작업을 하고 2011년 4월에는 필요한 회계검토 절차를 거친 후, IB(Investment Bank, 투자은행)의 '오퍼링 서큘러(Offering Circular, 유가증권신고서)' 작성을 위한 'Comfort Letter'라고 하는 일종의 재무정보 검토확인서를 발행함으로써 고객사가 적시에 자금조달 할 수 있도록 도왔다.

2011년 6월의 어느 날, 주요일간지에 이와 같은 A그룹의 자금조달 성공사례가 대서특필 되었다. 퇴근길에 뉴스를 접한 나는 즉시 휴대폰으로 A그룹의 CFO에게 축하 문자메시지를 보냈다.

"금융패닉에 앞선 1조 원 전환사채 발행이 그룹의 발전에 일등공신이 되겠네요! 축하드립니다.

여름철 건강관리 잘 하세요, ○○○ 드림"

즉각 답신이 왔다.

"감사합니다. 부회장님, 항상 많은 관심과 배려 고맙습니다. 무더운 날씨에 건강하십시오. ○○○ 배상"

이러한 배려는 나에게는 작은 수고였지만 그 반응은 무척 긍정적이었다. 기분 좋은 회신들, 반가운 안부들을 받아볼 수 있었다. 상대편에서 또 다른 좋은 글로 화답이 오기도 했다. 메일 한 통을 통해서 그들과 따뜻한 체온을 느끼면서 소통한 것이다.

업무적으로 가볍게 스쳐간 인연에서 그치지 않고 좀 더 인간적으로 친밀한 느낌을 서로 간에 가질 수 있었다. 이러한 인간적인 관계를 잘 가꾸어 나가려는 노력은 뜻밖에 새로운 비즈니스 기회를 창출하기도 한다.

나는 항상 고객사와 고객사의 사람들에게 애정을 가지고, 함께 성장하고 발전해 나가기를 기원했다. 그래서 고객에게 '당신을 늘 생각하고 있다'는 것을 느끼게 했던 것 같다. "We grow as you grow!"라는 말은 서구의 회계 선진국에서 해외 업무연수 중에 자주 듣던 인상적인 표현인데, 고객이 성장하도록 도와드리고 우리 회사도 더불어 성장하자는 이야기이다.

'사'자들의 수난시대, 어떻게 극복할 것인가?

　회계사 업계에서는 'Big 4'(국제적 규모의 4대 회계법인과 업무제휴한 회계법인) 같은 대형법인 이외에 중소 규모의 회계법인과 사무소들도 많이 활동하고 있다. 이분들의 주요 고객층과 시장은 대형 법인들과 다르고 영업 전략도 다른 점이 있을 것이다. 모 회계법인의 J회계사로부터 나름대로 정립된 영업 전략을 들어보자.

　"자고로 변호사, 회계사, 세무사 등 오랫동안 안정적인 신의 직장이라고 생각하던 직업들이 무한 경쟁 속에서 무너지고 있다. 이제는 더 이상 안정적인 수입이 보장되는 직업이 아니고 부담만 가중되는 직업으로 변화하고 있다. 자본주의 시장에서 돈의 가치만큼 그 사람의 능력을 나타나내는 지표도 없다. 변호사나 회계사나 아직까지 사회적으로 인정받고 있는지 모른다. 하지만 백조가 평안하게 호수 위를 헤엄치고 있어도 물속의 다리는 쉼 없이 움직이는 논리와 같다.

이제는 '사'자 직업을 가진 사람들도 백조의 논리로는 이 세상을 살아갈 수 없다. 그만큼 원시적인 마케팅부터 전략적인 마케팅 기법을 동원하지 못한다면 이 직업을 버릴 수밖에 없다. 아니, 버리는 것이 아니고 버림을 당하게 되어 있다.

원시적인 마케팅이란 발품을 팔아야 한다는 것이다. 옛날처럼 사무실만 내면 고객이 찾아오는 시대는 지났다. 더 이상 고객은 당신의 'OOO세무회계사무소' 'OO회계법인' 간판을 보고 찾아오지 않는다. 고객이 찾아오지 않는다면 당신이 고객에게 다가가야 한다.

가장 원시적인 방법이 전단지를 뿌리는 방법이다. 이런 방법이 통할까? 약간 통한다. 근본적인 것은 영원히 변하지 않기 때문에 약간 통한다. 하지만 효과가 크게 나타나지 않기 때문에 얼마 지나지 않아 자신감을 잃고 말 것이다. 고객에게 다가가는 데는 다가가는 방법이 중요하다. 차별화되지 않는 서비스를 가지고는 절대로 고객을 확보할 수 없다.

차별화 전략으로 가장 많이 사용되는 방법이 가격을 낮게 제시하는 덤핑이다. 그러나 덤핑은 장기적으로 사무실의 수익성을 악화시켜 부메랑으로 돌아온다. 그렇다면 어떻게 차별화된 전략으로 고객에게 다가갈 것인가를 고민하여야 한다.

첫째, 특정 분야의 브랜드를 구축하라

회계나 세무업계에서 4대 회계법인은 강력한 브랜드를 구축하고 있다. 중소 회계법인이나 개인 회계사들도 브랜드를 구축하지 못한다면 장기적인 경쟁력을 가질 수 없다. 그렇다면 1인 회계사는 브랜드 구축이 가능할까? 가능하다.

모 회계법인의 N회계사는 오랫동안 재건축·재개발 분야에서 가장 전문가로 브랜드화 되어 있다. 즉 개인은 특수 분야에서 회계법인보다 뛰어난 브랜드를 만들어 낼 수 있다.

둘째, 능력을 객관화하라

능력을 객관화한다는 말은 한마디로 누구나 인정할 수 있는 유형적인 것을 만들어야 한다는 것이다. 회계사나 세무사가 능력을 객관화하는 가장 일반적인 방법이 책을 발간하는 것이다. 많은 합병 경험을 한 회계사보다 고객은 합병에 관한 책을 쓴 회계사가 더 전문가라고 생각한다. 브랜드가 약할수록 신문이나 잡지 기고나 책을 통해 개인의 능력을 객관화할 필요성이 있다.

모 회계법인의 J회계사는 상장사에 8년을 근무하다 42살에 개업을 하였다. 초반의 자신감은 시간이 지나면서 치열한 경쟁으로 인해 서서히 무너져 갔다. J회계사는 자신의 능력을 차별화할 방법과 특정 분야에 브랜드를 구축할 고민을 하였다. 중소기업에서 세무회계만큼이나 필요한 부분이 자금 분야라는 것을 파악하고 정책자금 분야의 전문가가 되기로 하였다.

그날부터 6개월 동안 정책자금에 관한 강의를 빼놓지 않고 들었고 시중에 나오는 모든 정책자금 책을 읽었다. 그리고 지역 신문에 6개월 동안 일주일마다 25회 연재하였다. 이 연재된 신문을 모아 작은 정책자금 가이드북을 만들었고 본인이 생각하는 영업이 가능한 지역에 집중적으로 배포하였다.

배포는 주로 공인중개사 사무실에 배치하여 사무실을 알아보기 위해 찾아오는 고객에서 전달되도록 하였다. 중개사 사무실에 집중 배치한 이유는 세무회계는 거래가 지속되는 경우 회계사무소를 잘 바꾸지 않는 특성이 있기 때문이었다. 즉 기존의 거래하는 거래처를 공략하는 것이 아니라 창업이나 이전 고객을 집중 공략하기 위함이었다. 그 전략이 통했는지 6개월에 50여 개의 고객을 확보할 수 있었다."

중소 규모의 회계법인이나 회계사무소는 각자 나름대로 잘할 수

있는 분야를 찾아서 전문화하고 차별화된 경쟁력을 길러 나가야 할 것이다. 또한 주어진 개별적인 상황과 여건에 맞는 참신한 홍보전략이 중요하다.

끈질긴 도전정신이 보상을 받는다

2004년 초까지만 하더라도 J회계법인(이하 '법인')으로서는 A그룹과는 전혀 거래관계가 없었다. 2004년 상반기에 한 외국손님이 A그룹의 대주주를 방문할 때, '법인'에서도 그 기회를 활용하여 상견례를 하고 좋은 프로페셔널 이미지를 줄 수 있었다. 그러나 그해 연말이 가까워 가는데도 기대했던 면담이나 고객관계 설정을 위한 후속조치가 전혀 없어서, '법인'으로서는 노심초사하고 있었다.

A그룹 정책본부의 K사장은 대학 재학시절부터 잘 아는 선배였고, 내가 회계사업을 개업한 지 근 30년이 되었으나 그동안 단 한 차례도 영업 목적으로 접근한 일이 없었기에 서로가 편안한 사이였다. 그러나 이번엔 달랐다. 나는 마침내 속내를 드러내고 그해 12월 어느 날 오전에 K사장을 독대하고, 모처럼 생긴 좋은 기회를 살려 나갈 수 있게 했다.

'이렇게 순조롭게 그 큰 수레가 움직이기 시작하는구나!' 감개무량

했다. 비로소 그룹 내의 재무담당 임원들과의 창구가 개통된 것이다.

윗분이 '법인'에 호감을 느끼고 있었음에도 당시 A그룹 내의 분위기는 위아래가 호흡이 맞게 돌아가야 비로소 변화가 가능한 상황이었다. 그런데 이번의 면담이 톡톡히 효과를 본 것이다. 큰 변화가 현실로 구현되게 해준 것이다.

그 이후에는 '법인' 조직 내의 모든 역량과 전문성을 다 동원하여 A그룹에서 필요한 각종 서비스를 제공하기 시작했다. 내가 직접 기획하고, 용역 수행을 점검하고, 서비스를 최종 전달하는 전 과정을 총괄 지휘·감독했다. 목표는 고객 감동이었고 기존의 경쟁법인들과는 차별화된 면모를 보여주는 것이었다.

이듬해 봄에 중국 음료회사 인수 자문, 그룹의 지주사 설립 검토, 가을에 한국·영국 증권거래소에 주식 동시 상장을 위한 컨설팅, 2006년의 베트남 진출 자문과 2008년의 IFRS(International Financial Reporting Standards, 국제회계기준) 도입에 따른 자문과 시스템 구축 용역 등의 후속 용역을 끊임없이 제공해 나갔다.

2005년, A그룹 회사의 신규상장(IPO, Initial Public Offering)을 추진하기 위하여 용역계약을 체결한 투자은행(IB, Investment Bank)과 법무법인들을 소집하여 소위 '킥오프 미팅(Kickoff Meeting)'을 하는 자리에, 나는 법인의 재무자문전문가(CF, Corporate Financing) 팀을 옵서버로 참석시켰다. 회계감사인인 D사 이외에 IB와 법무법인 한 군데씩 참석하는 정도로 생각하고, 법인 CF 팀을 보냈고 일할 기회를 찾아보도록 했다. 그러나 참석하고 돌아온 J회계법인 CF 팀원들은 의기소침해 있었다.

명성이 있는 국제적인 IB들과 법무법인들이 대규모로 몰려와 있었고, A그룹과 IB 양측에서 각각 복수의 법무법인과 컨설팅 회사들을 거느리고 있어서, 도저히 '법인'의 CF 팀이 국제적인 명성이 있는 IB들과 경쟁해서 활동할 여지가 없어 보인다는 것이다.

그러나 나는 "그렇지 않다. 우리에게도 승산이 있다."고 CF 팀에게 설명했다. A그룹 측을 위해서 수개의 투자은행이 매각 주간사로 일하지만 투자은행들의 이해와 A그룹의 이해가 완전히 그리고 항상 일치하지는 않을 수도 있으니, 이 점에 착안하여 A그룹 측을 설득해서 주식발행회사 자문 서비스(Seller's Advisory Service)를 해보자고 했다.

그리고 "가능할 것이다! 끝까지 가보자!"라고 주장하면서 법인 CF 팀을 격려해서 드디어 3억 원대의 프로젝트를 수주하고야 말았다. 주식시장 상황을 분석하여 최종적인 주가를 결정하는 긴박한 순간에 투자은행들의 판단에만 의존하지 말고, J회계법인 같은 컨설턴트의 자문(second opinion)도 함께 활용해 보시라고 집요하게 설득한 것이 주효했던 것이다.

이 성공은 수수료 금액만이 아니라 '프로회계사'로서의 보람이 컸다. A그룹이 약 3조 원 규모의 국내 최대 규모의 자금조달을 가능케 했고, 외국증권거래소에서의 가격(Pricing) 결정 과정에서도 최대한 높은 가격으로 거래될 수 있도록 결정적인 순간에 훌륭한 자문을 제공할 수 있었다. 우리가 이 용역을 성공적으로 수행함으로써 A그룹은 그날 이후 '법인'을 '가장 믿음직스러운 컨설턴트(Primary Business Advisory)'로 인정하기 시작했다. 그 후로는 그룹의 크고 작은 용역 기회가 생기면 일차적으로 J회계법인을 먼저 고려하게 된 것이다.

나에게는 고교입학시험 넓이뛰기 테스트에서 쉽게 중도포기한 후 평생을 두고 뼈아픈 반성을 하게 된 과거가 있었다. 그러나 이번에는 끈질긴 도전정신과 '진인사대천명(盡人事待天命)'의 가르침을 좌우명으로 당초에 없었던 고객의 요구(Needs)를 일깨워서까지 새롭게 용역의 기회를 만들어 낸 것이다.

회계법인 경영의 리더십(Leadership) 형태는?

어느 날, 연세대 정동일 교수의 "Enabler Leadership"(좋은 경영성과를 낼 수 있도록 회사의 비전·문화·경영관리를 해내는 지도자)이란 제목의 특강이 있었다.

그는 Enabler Leadership을 강조하면서 "리더는 부하들이 맡은 일에 몰입하게 할 줄 알아야 하고 몰입을 해야 창의력이 생기고 결과적으로 기업의 매출을 30% 증가시킬 수 있으나, 카리스마 리더십은 부하들의 사기를 저하시키고, 조직의 활력을 감퇴시킬 것이다."라고 말했다.

사업계획·설계, 고객개발 및 유지, 상품개발 등의 경영전략과 기획의 분야에서는 창의력을 유발하고 자발적인 몰입도를 촉진시키는 Enabler Leadership이 바람직하고 또 좋은 성과를 내는 데 도움이 될 것이다.

회계법인의 CEO(Chief Executive Officer, 대표이사)나 COO(Chief Operating Officer, 최고 업무집행 책임자) 혹은 본부장으로서의 직무를 수행하는 범위에서는 반드시 Enabler Leadership을 발휘해야 한다고 생각한다.

그러나 회계법인과 같은 전문가적인 서비스 조직에서는 사업본부에 소속된 파트너(Partner, 파트너십의 출자임원)와 본부장들은 물론이고, 심지어 COO마저도 현장에서 프로젝트나 서비스를 수행하는 동안에는 Enabler Leadership을 운영할 여유가 없다. 마치 심장이나 간 이식 수술을 하는 응급수술실에서 수련의(Intern, Resident)에게 충분한 여유를 주기보다는 최고의 전문가가 수술 목표를 우선적으로 달성해야 하는 긴박한 상황과 같은 것이다. 전문가적인 서비스를 제때에 고객에게 제공하는 것이 최우선 과제가 된다. 특히 회계법인의 주된 업무인 회계감사나 세법 관련 서비스의 경우에는 창의력보다는 규정준수(Compliance), 윤리(Ethics), 원칙(Principle), 일관성(Consistency) 등과 같은 각종 규범을 철저하게 지키도록 조직을 이끌어 나가는 것이 중요하며, 서비스의 결과인 보고서 제출시한을 지키는 것이 생명과 같이 중요하고도 급박한 실정인지라 부하들의 창의력과 사기를 북돋우는 리더십을 발휘하는 데 어려움이 있어 보인다.

나의 회계사 생활을 돌이켜보면 회계법인 내의 한 사업본부장일 때까지는 Enabler Leadership이라기보다는 목표지향적인 카리스마 리더십에 속했던 것 같다. 작업현장에서 후배 회계사들을 철저하게 가르치고 지도해야 한다는 임무에 열중하였고, 프로젝트의 성공적인 완결에 지상 목표를 두고 살았다.

왜 프로젝트 현장에 있는 EP(Engagement Partner)는 Enabler Leadership을 발휘하기 어려울까?

첫째, 기업의 재무제표에 대한 회계감사 보고를 하는 감사보고서의 품질이 대단히 중요하여, 감사 팀의 업무수행에 있어서 철저한 품질관리가 절실하고 엄중하다. 법인세나 소득세 신고 등 각종 세금신고 업무도 마찬가지이다.

둘째, 보고서는 보고시한을 생명처럼 지켜야 한다. 밤낮없이 서둘러야 할 경우가 대부분이다. 부하들과 긍정적이고 격려하는 대화에 많은 시간을 소비하면서 에둘러 얘기하고 창의력을 동원하는 Enabler Leader가 될 수 있는 상황이 좀처럼 되지 않는다.

셋째, 회계감사 업무나 세무신고 업무는 결산일이 대부분 12월 말에 집중되어 있어서 한창 바쁜 기간에는 하루에도 여러 회사의 보고서(초안)와 해당 조서(Working Paper)의 중요한 부분까지도 검토해야 하는 실정이다. 자주 못 만나는 친구들에게 변명 삼아 얘기했듯이 "회계사라는 직업은 고객에게 시간을 쪼개서 파는 직업이다."라고 생각한다. 외교적인 언사나 우회적인 대화로 업무수행 현장을 경영할 겨를이 없었다.

전문적 지식과 능력도 있고 후배들에게 인기도 있는 어떤 파트너는 부하들의 작업내용이 부족한 점이 있으면 자기가 조용히 메꿔서 마무리하고 만다. 그러나 업무태도나 프로덕트(Product) 검토항목상의 흠결을 발견하면 빠짐없이 짚어줌으로써 실무훈련(On-the-Job Training)을 하는 것이 인재양성의 책임을 다하는 길이라는 점에서 갈등이 생긴다.

KPMG 미국에서 우리 교포 회계사로서는 입지전적인 인물인 P파트너는 부하들의 업무내용을 검토하다가 불만스럽고 속상할 때 사무실 책상 옆에서 거꾸로 물구나무서기를 해서 스트레스를 푼다고 내게 술회한 적이 있다.

고객만족이라는 '목적 지향적인 리더'

애플(Apple)사의 스티브 잡스도 엄청난 카리스마를 지닌 리더였고, 부하들이 그를 위해서 그리고 애플을 위해서 일하는 것에 대해서 "저로서는 큰 영광입니다(It's my privilege)."라고 대답할 만큼 긍지와 자부심을 가지도록 하는 리더였다고 한다.

회계법인이 고객에게 서비스를 제공할 때, 어떤 프로젝트나 업무도 약속시한이 있기 마련이어서 일정한 계획 아래 단계적으로 작업하게 되지만, 마지막 순간에 업무가 몰리면서 시각을 다투는 화급한 경우가 많다. 후배들이 충분히 시간적 여유를 가지고 작업을 수행하도록 하고, 부족한 부분이 또다시 발견되면 친절하게 코칭해 주는 여유 있는 선배가 되기에는 부족했던 것 같다.

나는 그저 장인정신을 가지고 최고 품질의 서비스를 제때 납품해서 고객과의 신뢰를 지키겠다는 목표를 달성하기에 급급했고, 시장에서 그리고 고객의 평가에서 반드시 일등이 되겠다는 지상과제에 전념할 따름이었다.

회사 내부에서는 일체의 정치적인 활동과 포퓰리즘을 외면하고 오직 진정한 프로정신을 요구하는 한 사람의 프로페셔널(Professional)이었다.

어느 고객사의 회계감사 보고서를 회계감독 당국이 사후 감리한 결과 우리의 감사의견이 부적절하다는 공격을 받은 적이 있었다. 회계감사 담당 파트너와 담당 회계사들이 중징계를 받으면 직업적 전문가로서의 장래가 치명적인 손상을 받게 되고, 평생 몸담고 청춘을 불살랐던 조직을 떠날 수밖에 없는 상황에 내몰리게 될 수가 있다.

회계원칙이나 규정을 위반했다는 지적이 아니라, 너무 적극적으로 회계기준을 해석·적용하여 고객회사를 유리하게 한 것 아니냐는 혐의를 받은 것이었다.

담당 회계감사 팀들에게 이번 문제는 적극적으로 담당 파트너인 내가 책임지고 방어할 테니, 당신들은 걱정하지 말고 다른 업무에 전념하라고 일렀다. 사실은 회계사 일생을 통해서 가장 고통스럽고 힘든 사건이었고, 상당한 소명과정을 거치고 문제가 해결되기까지 나는 많은 생산적인 활동을 포기할 수밖에 없었다. 그 당시의 회계감사 담당

회계사였던 부하들은 내게 항상 송구스러웠고 지금도 부채감을 가지고 있다고 회고한다.

　나는 모든 부하를 친혈육처럼 생각하는 마음가짐으로 일체의 업무상 책임은 나 자신이 떠안았고, 고생한 부하들에 대한 성과보상이나 진급에는 확실하게 반영해 주고자 노력했다.

　그러나 지금에 와서 돌이켜보면 나는 한 사람의 프로페셔널로서 항상 시간에 쫓기고 무엇보다 고객과 시장의 기대를 충족시키는 데 급급하여, 책상머리에 붙여놓은 '지기추상 대인춘풍(持己秋霜 待人春風)'이라는 격언은 공염불이 되고 말았다. 나 자신에게 엄격하고 솔선수범의 모습을 보이는 '지기추상(持己秋霜)'은 잘 지켰다고 생각되나, 부하들과 주위사람들을 대함에 있어서 따사한 봄바람 같은 태도를 보일 수 있는 '대인춘풍(待人春風)'에는 부족함이 많았다.

　나는 다음과 같은 글들을 대할 때 아쉬운 점이 많다.

　일본의 유명한 경영자 마스시타 고노스케는 일본에서 '천 년간 가장 위대한 경제인'으로 추앙받는 인물이다. 그가 설립한 PHP연구소에서 40년 동안 근무해 마지막 수제자라고 할 수 있는 에구치 가스히코는 이렇게 말했다.

　"마스시타의 인재 경영법에는 네 가지 포인트가 있습니다.

　첫째, 부하가 하는 말을 들어주는 것.

　둘째, 방침을 명확하게 해줄 것.

　셋째, 권한을 대폭 위임할 것.

넷째, 상대방에게 감동을 줄 것입니다."

마스시타에게 상의할 일이 있어서 가게 되면, 대부분 듣는 대답은 이러했다.

"자네 같으면 어떻게 할 것인지 다시 한 번 잘 생각해 보게."

사원을 나무랄 때는 오히려 격려를 해주었다.

"자네같이 능력 있는 사람이 그럴 수가…."

부하를 꾸짖고 난 뒤, 그가 돌아갈 때도 격려를 했다.

"좀 힘들고 어렵겠지만 잘해 봐."

며칠 후 다시 전화를 걸어서 다시 격려했다.

"어때, 잘하고 있나?"

마스시타 같은 리더는 분명히 사람들의 '마음을 훔치는 매력 있는 리더'이며 감성의 경영자라고 할 수 있겠다. 부하들의 눈높이에 맞추고 그들의 편이 되어 상대방의 입장에서 배려하는 마음을 보여줌으로써 동지의식을 이끌어 내는 것이다. 이렇게 해서 조직의 경쟁력을 엄청나게 증대시킬 수가 있다.

마스시타 고노스케와 같은 Enabler Leadership에 스티브 잡스의 카리스마가 더해지면, 그것이 바로 회계법인 경영에 있어서 가장 필요한 리더십의 형태가 아닐까 생각한다.

제도가 아니라 주인의식에 바탕을 둔 운영

대차대조표에는 표시되지 않지만 사실상 회계법인의 제일 큰 재산은 법인에 소속된 인적자원(Human Resource)이고, 그 법인의 브랜드 가치(Brand Value)이다. 영업능력의 차이도 중요하겠지만 'Big 4'(국제적 규모의 4대 회계법인과 업무제휴한 회계법인)에서 1등과 여타 법인의 차이는 궁극에 가서는 사람경영과 조관관리에서 구분이 될 것이다.

비정상적인 상층부 비대현상이 발생하지 않게 하려면 파트너들이 제대로 주인의식을 가지고 부하들을 가르치고, 실적과 능력을 엄격하고 공정하게 평가하고, 용감하게 나서서 부적합한 임직원들에게 퇴직권유(Counseling Out)도 하고, 전직(Transference)을 도와주기도 해야 한다.

소위 'Big 4' 회계법인에서는 신입회계사 등의 전문직 요원이 스태프(Staff) 직급에서 시작하여 시니어(Senior), 슈퍼 시니어(Super Senior), 매니저(Manager), 시니어 매니저(Senior Manager), 디렉터(Director) 직급을 단계적으로 거쳐서 주주 신분인 파트너(Partner) 직급까지 승진할 수 있다.

매년 정기적으로 모든 직급의 전문직 요원들이 성과평가를 받고 있는데, 지나치게 온정적으로 평가를 하다 보니 엄중하게 흑백을 가려 내려는 노력이 부족한 경우가 많다. 특히 매니저 승진, 디렉터 승진, 파트너 승진 심사단계에서도 좋은 게 좋다는 식으로 두루뭉술하게 평가하고 마는 무책임한 행동을 하기 쉽다.

이런 풍토가 10년 가면 그 조직은 장래가 없다. 사람경영에 있어서 합리적인 차별화를 보여주지 못하는 관료주의적 문화가 풍미하고 조직의 상층부가 비대해지면, 유능한 인재가 조직에 들어오지도 않겠지만 근무하다가도 "앞이 보이지 않네." 하고 떠나 버린다. 10년이란 세월이면 신입 회계사나 신입 컨설턴트가 회사의 중견간부인 시니어 매니저와 디렉터 계층으로 올라가서 고객서비스 제공의 핵심 전문인력이 되어 활동하게 된다. 이들은 고객과 시장에 고객만족과 감동을 줄 수도 있지만 거꾸로 실망을 안겨줄 수도 있는 중요한 직급이다.

임직원들에 대한 성과평가 제도로서 각 회계법인(이하 '법인')들은 잘 디자인된 평가양식과 절차규정을 구비하고 있다. 이러한 평가 프로세스(Process)에서 필수적인 절차가 개인별 평가 관련자료의 사전검토 후에 가지는 피 평가자와의 의미 있는 대화이다. 그러나 그 운영실태를 보면 아예 면담 자체를 생략하거나 면담을 하더라도 실질적으로 의미 있는 대화를 실행하지 않는 경우가 많다. 파트너로서 시급한 임무인 영업과 생산활동에 쫓겨서 현실적으로 시간이 부족한 것도 사실이지만, 사람경영에 소홀한 것이 정당화될 수는 없지 않겠는가?

한 사람의 파트너로서 부하들의 연례실적 평가나 승진심사 절차상 1차 심사를 하게 되어 있으면, 이때 공정하고 엄정하게 흑백을 가려서 합리적인 차별대우를 할 수 있게 의사표시를 해야 하는 것이다. 그러나 대부분의 파트너들은 모난 짓을 피하며 인기주의(Populism)에 빠져서 자기 윗선 즉 본부장, 대표 및 인사위원회에서 최종 결정이 나기만 기다리는 소극적인 태도를 보이는 경우가 많다.

파트너 승진 심사는 우선 '법인' 내의 각 본부장들이, 파트너 승진 심사 대상자 중에서 본부 소속 파트너들의 의견과 평가를 거쳐서 일단 선별작업을 거의 완전하게 마쳐줘야 한다. 그러나 본부장이 본부 차원에서 승진자와 낙방자 명단을 제시하거나 확실한 의견을 개진하지 않고, 법인 전체 인사회의 혹은 CEO에게 결정을 떠넘기는 소극적이고 무책임한 사례도 많다. 이것이야말로 파트너십(Partnership)의 핵심 요소인 주인정신이 결여된 부끄러운 행태이다.

각 사업본부에서는 소속 본부의 후보자를 최대한 많이 승진시키려고 하는 경향이 있으나, '법인' 전체 입장에서 볼땐 다른 본부에 더 훌륭한 후보자가 있다면 그 후보자를 위해서 우리 본부 후보자가 양보하도록 하는 것이 파트너십의 진정한 주인다운 행동일 것이다. 그러나 부하들로부터 우리 본부장이 추진력이나 법인 내의 영향력이 약해서 승진에서 불리했다는 얘길 들을까봐 무조건 자기 본부의 후보자를 많이 승진시키고자 하는 온당치 못한 처사를 하는 경우가 많다.

진정한 파트너십 정신에 따라서 파트너들은 주인의식과 책임감을 가장 소중한 규범으로 삼아야 할 것이다.

어느 해 4월에 실시한 'FY 20XX Partner' 워크숍은 1년 중 가장 중요한 공식행사로서, 회계법인의 신년도 사업계획을 공표하고 모든 파트너들이 그 실행을 다짐하는 자리였다.

J파트너가 자신의 딸이 전날 밤 숨을 거두고 병원 영안실에 있는 상황에서도 이를 전혀 내색하지 않고, 그 워크숍에 참석하여 향후 법인의 리스크 관리제도와 각 사업본부의 사업추진 계획을 획정하고 나서야 다시 장례식장으로 돌아갔다고 한다.

그날 그는 '법인'의 신년도 사업계획을 공표하고 당시 주요 현안이었던 업무상 위험관리 시스템(Risk Management System) 구축과 운영방침을 발표하게 되어 있었다. 그 당시로서는 그를 대신해서 발표할 수 있는 다른 대안도 없는 상황에서, 그날의 행사에 참석할 것인지를 고민하고 있는 그에게 그의 부인이 숨진 딸도 아빠가 회사 일을 차질 없이 잘 해내기를 바랄 것이라면서 맡은 일을 완수하고 돌아올 것을 권했다고 한다.

많은 동료·후배 파트너들이 뒤늦게 이 사실을 알고 큰 충격을 받았으며, 이후 파트너십 조직에서 파트너의 주인의식 및 책임의식이 얼마나 엄중한가를 일깨워 준 일화로 남아 있다.

　인간적으로 가슴 아픈 일로서 주위사람들이 그때의 일을 화제 삼아 얘기하는 것을 그는 피하고 싶어 하지만 선공후사(先公後私)의 모델인 것만은 분명하다.

조직의 발전과 개인의 영역확보 사이에서

회계법인에 소속된 임직원들은 원칙적으로 회계법인의 경영방침에 따라서 활동하고 있다. 그러나 회계사라는 자격증 소지자로서 그리고 전문가적 서비스라는 특성 때문에 자기 나름의 영역을 존중하게 되고 상당한 정도의 독자적 활동을 허용하게 된다. 따라서 조직화된 법인의 형태를 가지고 있더라도 나름대로 조직 내부에서 영역다툼이나 갈등이 발생할 소지가 많다.

좁은 한국사회에서는 고객회사의 주요 인물들이 한 다리 건너면 서로가 뒤엉켜서 그 연결 관계가 복잡할 뿐만 아니라 회계법인의 파트너들 간에도 각자의 전문영역이 확실히 구분되어 있지 않아서, 각 파트너 간에 고객과 시장을 놓고 영역 다툼이 있을 수 있다.

파트너십의 장점을 잘 가꿔 나가면서도 이런 갈등을 최소화하고 승화시켜 나가야 조직 전체의 성장과 발전을 이루어 낼 수 있다. 두어 가지 부정적인 사례를 소개한다.

사례 1

　오래전 얘기이지만 A본부장은 반덤핑 용역 팀을 발전시켜서 D회계 법인의 외형성장에 기여해 보겠다는 나를 지원해 주지 않았다. S매니저를 A/D(Anti-Dumping, 반덤핑)용역 팀에 전속시켜서 A/D용역 팀을 발전시켜 보겠다는 나의 사업계획을 외면하고 S매니저를 자신이 LP(특정고객 통할 파트너, Lead Partner)로서 직접 맡고 있는 고객 서비스 팀에 배속시켜서 A본부장 자신의 영역을 공고히 하기에 급급했고 회사의 전반 경영자로서는 실망스러운 결정을 했던 것이다.

　당연히 의욕이 상실되고 손발이 없는 장수가 된 나는 A/D용역 기회를 두고 벌이는 다른 경쟁법인들과의 치열한 전투에 적극적으로 참전할 수가 없었다. 최대한 많은 케이스를 수주하여 회사의 수익 창출을 하겠다는 적극적인 목표는 포기해야 했다. 회계감사 고객이 스스로 찾아와서 반덤핑 제소를 당했으니 도와달라는 경우에, 그 A/D케이스를 맡아서 최상의 성적표를 내는 소극적인 대응만을 할 수밖에 없었다.

　그 후 D회계법인은 몇몇 덤핑케이스에서 성공적인 결과를 냈지만 반덤핑 제소 관련 용역시장에서의 시장점유율 차원에서는 경쟁법인들에게 턱없이 뒤지고 말았다.

사례 2

　두 회계법인이 합병하여 서로가 새롭게 만나게 된 A파트너는 B파트너가 담당하던 고객을 자기의 활동영역으로 만들고자, B파트너의 특정 고객 관련 자료에 접근하고 싶어서 안달이었던 사례가 있다. 잘 조직화된 회사에서는 이러한 내부갈등은 있을 수 없는 부끄러운 현상이다. 그 후 원만하고 자연스럽게 상호존중하고 긍정적으로 상호지원 체제를 마무리하기까지 상당한 시간이 흘러야 했다.

회계법인의 기존 고객에 대해서 파트너들이 그 고객에 중첩되는 접촉이 있는 경우에는 파트너들 간에 영역다툼이 있을 수 있다. 조직 내부의 파트너 간의 이러한 영역다툼이 어느 정도는 있을 수 있다고 보지만 지나치게 비생산적인 에너지 소모가 생기지 않도록 CEO가 제때에 적절하게 관리해 줘야 한다. 잡아둔 물고기에 손을 뻗지 말고 헤엄쳐 다니는 물고기를 잡으러 나가야 옳다.

그리고 각 파트너들도 진정한 동업자 정신에 입각하여 같은 배를 타고 항해하는 선원들처럼 각자 맡은 기능을 조화롭게 수행해 나가야 할 것이다. 서로의 강점을 인정하고 존중하여 회사 전체의 시각에서 이익이 되는 방향으로 개별 파트너들의 활동영역을 조정해 나가야 한다.

사례 3

A회계법인은 특히 중요한 몇몇 회계감사 고객을 선정하여 각 감사본부 차원의 경상적 활동비 예산과는 별개로 회사 전체 차원에서 특별예산을 편성하였다. 기존의 회계감사 용역 이외에 새로운 프로젝트 개발이나 기존 고객관계의 외연을 확장시켜 나가기 위하여 '특별한'

예산을 지원하고 있었다.

회계법인 내의 어떤 고위급 B파트너가 나서서 후배 파트너가 이미 친밀한 관계를 가지고 있는 회계팀장과의 친선 회식자리를 불필요하게 자주 만들어서 참석하고, 새로운 특별용역 개발과는 무관하게 후배 감사담당 파트너의 영역에 혼선만 주게 되는 비생산적인 활동에 그 '특별예산'을 소진하였다. B파트너가 그 고객의 담당 실무팀장들과 친근한 관계를 보완하는 데는 도움이 되었겠지만, 당초 특별예산 편성방침과는 전혀 다른 무분별한 행위이다.

어느 날 그 고객회사의 주요 행사와 관련하여 정작 특별한 비용이 필요한 순간에는 '특별예산'이 바닥나 있어서 당황한 경우가 있었다고 한다.

그 파트너가 조직 내부에서 자신의 개인영역을 확보하겠다는 욕심에서 불필요한 시간과 자원을 남용하고, 부하들의 영역까지 침해하여 바람직한 팀워크를 이루지 못한 사례이다.

새로운 먹거리를 창출해 나가자는 회사의 방침과 정책이 실제 현장에서 제대로 운용되지 않아서 조직의 외연을 확장해 나가는 데 실패하게 되는 것이다.

조직의 최고경영자는 당초의 방침과 취지가 제대로 구현되고 있는지를 확인·점검하여, 잘못된 조직문화가 생겨나지 않도록 살펴야 한다.

투자 없이 성과를
기대할 수 없다

회계사로서 37년 세월을 살면서 회계법인이란 조직 안에서 내가 속한 직급의 평균치에 안주하지 않았다. 법인에서 업무 배정받은 회계감사 고객을 관리(감사계약, 감사실시계획 수립, 중간/기말 감사, 그리고 감사보고서 제출 등)하는 통상적인 업무처리만 하면서 여유롭게 지낼 수도 있지만 제대로 주인의식을 가진 파트너가 가는 길은 아니라고 생각되었다. 나는 나름대로 회계법인의 서비스 확대를 위한 일이라고 믿는 일들을 닥치는 대로 추진해 나갔다. 특히 내가 잘할 수 있는 분야에서 즉 외국고객 서비스 향상, 그리고 외국정부와 관계되는 A/D(Anti-Dumping, 반덤핑) 관련 프로젝트 등에서 서비스 범위를 넓혀 나갔다.

한국에 있는 외국기업 고객의 외국인 경영자들은 회사 내에서 한국인 부하와의 충분한 의사소통을 항상 아쉬워했고, 많은 정보에서 소외되어 있다는 느낌을 갖고 있었다. 그래서 나는 이들을 초청하여 해마다 'International Client Service Seminar(ICS)'를 개최하고 외국고객의 주요관심 토픽(Topic)들을 영어로 발표와 토론할 수 있는 기회를 제공했다. 나 자신도 컴퓨터 감사 전문가로서 컴퓨터 범죄

International Client Seminar. (1995. 12)

와 IT 위험 토픽을 맡아서 고객들의 컴퓨터 관련 부정 위험성을 인식시켜 드리고자 애썼다.

예컨대, 1999년 3월의 ICS 세미나에서는 Expatriate Income Tax(외국인 소득세), FCI Law(외자도입법), Labor Market(한국의 노동시장), Foreign Exchange Law(외환관리법과 규정들), Class B Income Tax('을'종 근로소득세), 그리고 Computer Crime(컴퓨터 범죄), IT Risk(IT 위험)를 주제로 했다.

1980년대 초, 미국 상무성 Album Case를 시발점으로 해서 우리나라의 수출업체들을 상대로 미국과 EC(European Community, 유럽공동체) 등에서 덤핑제소가 잇달아 발생하는 바람에 우리의 수출기업들이 고통을 받고 있었다. 이들 수출기업의 입장을 변호하고 보호해 주기 위해서 해당 수출품목의 원가와 공정가격을 제시하고 부당하게 덤핑수출한 것이 아니라는 주장을 할 수 있도록 한국기업을 도와주는 반덤핑 제소 관련 서비스를 시작하게 되었다.

미국 상무성 조사가 가장 빈번하게 발생했고, 그 다음이 EC 조사 순이었다. 대우중공업(주)의 지게차와 삼보컴퓨터(주)의 소형컴퓨터가 미국 상무성의 덤핑제소 위험에 노출되어 있어서 사전에 실제상황을 점검해 보고 필요한 대책을 마련하기 위해서 컨설팅 용역을 수행했다.

실제 덤핑제소를 당한 우리나라 기업을 위해서 조사에 대비하여 사전 준비작업과 조사입회까지, 전 과정을 수행한 케이스로서 잊을 수 없는 프로젝트가 H전자(주)의 자동차 부품 케이스이다.

경기도 부천 소재의 H전자(주)는 유럽지역에 자동차 부품을 수출해 오던 중 EC 지역의 국내 산업체들로부터 한국이 덤핑수출해서 피해를 봤다면서 EC 당국에, 한국기업들에 대한 덤핑혐의를 두고 조사해 달라는 제소가 있었다. H전자(주)는 우리 법인의 EC 반덤핑 전문용역팀과 협력하여 EC 덤핑 조사관들의 현장조사에 대비해 회사가 덤핑수출하지 않았다는 사실을 회계장부와 관련증빙으로 제시하고, EC 규정에 따라 덤핑마진을 계산해 봤을 때 덤핑마진이 없다는 주장을 펴나가기로 했다.

이 조사에 대비하여 우리 법인의 A/D용역 팀과 H전자(주)의 관련부서 책임자들은 수개월에 걸쳐서 밤낮으로 준비작업을 했다.

회계사가 회계학과 영어실력을 활용하여 우리나라의 기업들이 해외시장에서 수출영업을 하면서 어려움을 겪고 있을 때, 이들 기업의 이익을 보호해 주고 이토록 국가이익에까지 공헌할 기회가 올 줄은 몰랐다. 나는 이런 기회를 얻게 되어서 감사하고 행복했다.

현장 조사기간 중에는 EC 조사관과 논리 싸움과 설득전을 펴나갔다.

오늘날 세계는 자유무역을 주창하면서도 덤핑 관세제도를 자국의 이익을 위해서 자유무역의 취지에 어긋나게 과도하게 악용하는 측면이 있다. 우리는 '공정한 거래가격'을 우리나라의 수출기업을 보호하는 관점에서, 최대한 적극적으로 해석하고 주장할 수 있는 회계적 근거와 자료를 제시할 수 있도록 자문을 했다.

'지성이면 감천'이라고 D회계법인이 정말 사명감을 가지고 성실하게 최선을 다한 결과 EC 당국의 최종 결론은 '덤핑 무혐의' 판정이었다. EC에 수출한 H전자의 자동차 부품에 대한 덤핑마진은 영(零)이라는 판정을 받았다고 주요 일간지에 대서특필되었다. EC 당국의 조사관들을 상대로 회계적 관점에서 우리의 수출역군들을 변호하여 성공한 것이다. 회계사가 되어서 느낄 수 있었던 또 하나의 큰 보람이었다.

회계법인들이 전통적인 회계사 업무영역 즉 회계감사와 세무자문 그리고 제한된 범위의 경영자문 업무에 주력하고 있었지만, 나는 소속 회계법인의 외형 성장과 신상품 개발에 대한 열정으로 당시의 회계법인 경영층에게 A/D 프로젝트를 전담할 전담인력을 지원해 줄 것을 수차례 요청했으나 실패하고, 전담 A/D 프로젝트 팀 구성을 포기하게 되었다. 최대한 많이 수주하려는 노력은 할 수가 없었고, 기존 감사고객으로부터 요청 오는 소수의 A/D 프로젝트만 수임하여, 최상의 '조사 결과 즉 덤핑관세율 제로(영)' 전략으로 전환하였다.

한 사람의 파트너가 큰 조직의 항해 방향을 틀어 나가는 일이 어느 본부장에게 한두 번 제안하는 정도로서는 될 일이 아닌데, 그 당시 내가 좀 더 적극적인 노력을 기울이지 않았음에 대하여 반성한다. 그 당시에 회계법인(이하 '법인') 안에 A/D 프로젝트 팀을 조직하여 다수의 덤핑제소 사태로 인한 A/D 프로젝트들을 대량으로 수주해서 법인의 발전에 기여하는 기회를 놓치고 말았다.

회사의 경영자로서는 사업의 장래를 내다보는 비전을 가지고 경영전략을 수립해 나가야 하고 결단력 있는 인력투자를 포함한 투자 의사결정을 해나가야, 서서히 그러나 어느 날 느닷없이 닥쳐오는 소중한 사업기회를 살려서 회사가 성장해 나갈 수 있다고 생각한다. 기업이든 개인이든 더 나은 미래를 위해서는 오늘 그 씨앗을 뿌리고 가꾸어 나가야 하지 않을까? 튼실한 열매를 얻기 위해 씨앗을 뿌리는 노고를 마다하지 않는 것, 그것이 바로 투자의 첫걸음이다.

조직 안에서 주어진 역할을
어떻게 해야 할까?

　J회계법인은 지적 서비스를 제공하는 기업으로서 2000년 이후 괄목할 만한 성장을 이뤄내어 업계에서 성공적인 사례로 꼽힌다. 2000년 7월에 약 350명이었던 조직이 2008년 5월 내가 파트너십(Partnership)에서 퇴임하고 고문으로 있게 되었을 즈음에는 약 2,800명 조직으로 성장해 있었다.

　J회계법인에는 회계법인 이외에도 FAS(Financial Advisory Service, 재무자문)와 CS(Consulting Service, 경영컨설팅)를 총괄하는 그룹 CEO가 있었으며, 나는 그룹 COO(Chief Operating Officer, 최고 업무집행 책임자) 및 회계법인 CEO로서 그룹 총괄대표와 함께 그룹 경영을 했던 3인의 최고경영층 멤버이었다. 최고경영층이 조화를 이루고 상호 간에 상대방의 강점들을 존중하며 혼연일체가 되어 조직의 비전을 달성해 나갔다.

2008년 5월 퇴임하는 시점에는 J회계법인(이하 '법인')이 규모 면에서는 업계 2위이었고, 질적인 면에서는 어떤 회계법인에게도 뒤지지 않는다고 자부할 수 있었다. 서비스 품질과 고객 만족도 그리고 직원들의 경제적 보상 수준과 사기(morale) 등의 각도에서 최우량의 회계·컨설팅 서비스 조직이라고 볼 수 있었다.

'법인'의 대표이사라는 직무를 수행함에 있어서 통상적인 전반경영 이외에, PART 4에 나오는 〈딱 한 발짝 앞섰더니…〉 편에서 언급한 바와 같이 IFRS(International Financial Reporting Standards, 국제회계기준) 관련 용역기회를 잘 살려서 마켓 리더(Market Leader)로서 '법인'의 위상을 굳건히 하였고 2007년 이후 수개 년에 걸쳐 괄목할 만한 규모의 회계 및 시스템 컨설팅 용역 수수료를 거양할 수 있게 하였다.

피터 드러커는 "리더십은 당연히 중요하다. 그러나 그것은 일반적으로 생각하는 것과는 차이가 있다. '지도자의 자질'이나 '카리스마'와도 별 상관이 없다. 리더십은 세속적이고 낭만적이지도 않으며 따분하다. 그것의 본질은 바로 실적이다."라고 말했다.

'자랑스런 대륜인상' 수상 기념.

나는 한 사람의 프로페셔널(Professional)로서 고객 개발하고 관리하는 기본업무 이외에 그룹 COO, 회계법인 대표이사, 품질

관리 책임대표(RMP, Risk Management Partner) 등 회사전반 경영을 위한 보직들을 맡을 때마다 항상 무언가 새로운 변화나 업적을 이루어 내겠다는 의욕을 가지고 추진하였다.

COO 취임 이후에는 조직 내부관리와 사람경영이란 각도에서 크게 4가지 보람 있는 일들을 찾아서 해냈고, 나름대로 선배 파트너로서의 긍지를 느끼며 후배 경영자들에게 넘겨줄 수 있었다.

첫째, 조직 내의 각 사업본부장이나 파트너들이 매 분기 및 매월 말이면 각자의 영업성과 등 각종 경영관리 지표를 보면서 조직 내에서의 자기들의 위상을 읽을 수 있도록, 투명하고 시의적절하게 경영관리 정보를 제공할 수 있게 하였다. 시스템에 의한 경영(Management by System)을 통해서 공정한 선의의 경쟁을 유도한 것이다.

둘째, 회사의 인사관리 부문을 개선하기 위하여 2006년에 우리나라에서 회계법인으로서는 처음으로 외부전문 컨설팅 기관에 수억 원대의 용역을 발주해서 컨설팅을 받았다. 그 후 수년간 여기서 제안된 내용의 단계적인 실행을 거쳐 사람경영의 측면에서 많은 발전이 있었기에, 신입회계사들이 가장 근무하고 싶어 하는 회계법인(The Employer of Choice)의 반열에 올랐던 것 같다.

셋째, 2003년에는 고용보험 분담금으로 30명 기준으로 할 때 연간

1억 3천만 원을 절약하였다. 2003년 이후 J회계법인의 파트너 1인당 4백만 원씩 해마다 실질가처분 소득을 높인 것이다. 170명의 파트너를 기준으로 하면 1년에 6억 8천만 원씩 절약하고 있는 것이다.

회계법인의 파트너는 출자임원으로서 실질적으로 자기 고용의 사업체를 경영하고 있기 때문에 고용노동부에서 만든 고용보험 분담금 관계 규정의 취지에 맞지 않을 뿐만 아니라, 회계사 본인들도 실업의 경우 재취업이나 고용기회를 걱정하고 있는 상황이 아닌 것이다. 이러한 고용보험 분담금 제도에 대하여 관리본부장에게 문제의 핵심을 설명한 후 임무를 부여하고 충분히 해결할 수 있을 것으로 기대했다.

관리본부장은 충분한 자료검토를 거쳐서 단계적 작업계획을 수립하고 노동 관계당국을 설득시키고 유권해석을 받아서, 2003년부터는 고용보험 분담금을 부담하지 않도록 해결했다.

요즈음에 와서는 회계법인, 법무법인, 감정평가법인 등이 모두 J회계법인의 예를 좇아서 출자임원인 파트너들은 불합리한 고용보험 분담금 부담을 면하게 되었다고 한다.

넷째, 회계감사인의 부실감사로 인하여 피해를 입었다고 주장하는 주주, 채권자 등의 손해배상 청구소송이나 집단소송에 대비하여 일정한 기준에 따른 기금을 KICPA(Korea Institute of Certified Public Accountants, 한국공인회계사협회)에 예치하도록 주식회사외부감사에 관한 법률(외감법)에서 요구하고 있었다. '법인'은 2005년 2월 현재 외감법 제17조 규정에 따라, KICPA에 손해배상기금 예치금 31억 원을 적립하고 있었던 것이다. 외감법 감사 매출액의 일정률만큼 해마다 적립해 왔던 것이다. 그러나 'BIG 5'('Big 4' + 현재는 소멸된 Arthur Anderson & Co.) 회계법인들의 경우에는 각 회계법인들의 회원사 약정(Membership Agreement)에 의거하여 각 'BIG 5'의 PII(Professional Indemnity Insurance) 보험사에 충분히 손해배상보험 계약이 가입되어 있기 때문에, 한국에서 별도로 손해배상기금을 예치할 필요가 없는 것이다.

그래서 불필요한 2중 부담을 이유로 기획재정부와 한국공인회계사회의 이해를 구하고 2005년 2월에 31억 원을 반환 받아와서 당시 높은 금융비용 부담을 해소하는 데 일조를 했다.

"기업의 경쟁력을 좌우하는 조직문화의 여러 가지 구성요소들 중에서도 기업이 전통적으로 중요시하고 있는 가치관, 관습, 예식(rituals) 등의 '공유가치(Shared Value)'가 특히 중요"하다고 한다.

나는 모든 임직원이 조직 내에서 어떤 임무를 부여받더라도 동업자 · 파트너 · 주인의식이라는 '공유가치(Shared Value)'를 가지고 소임을 다할 때 조직과 개인이 함께 행복해진다고 믿는다.

얻게 되는 혜택을 명확히 제시하라

통상적으로 한 조직의 직원들은 올해 매출을 10% 늘리자고 한다면, 10%의 매출 성장에는 별다른 관심이 없다. 매출 10% 증대는 목표 또는 비전을 성취한 결과인데 이는 사람들을 고무시키지는 못한다. 따라서 목표를 가지고 조직을 움직이려면 목표가 이뤄졌을 때 '얻게 되는 혜택'을 명확하게 제시해야 한다.

한 유통업체 CEO는 주가를 1년 안에 두 배로 끌어올린다는 목표를 세웠다. 대부분의 사람들은 달성하기 어렵다고 일축했으나 이 CEO는 직원들의 적극적인 도움으로 목표를 이뤘다. 비결은 직원들에게 기회가 있을 때마다 주가가 두 배로 뛰면 고용 안정성과 탄력 근무제, 맞벌이 주부에 대한 지원 프로그램 등 얻을 수 있는 혜택을 역설한 것이었다.

일본 경영자들 사이에 최고의 스테디셀러인 『실패의 본질』에서는, 일본 해군이 태평양 전쟁의 미드웨이 해전에서 작전목적이 애매했고 각 함대 사령관과 함장들도 작전목적과 임무를 제대로 공유하지 못했다고 지적하고 있다.

기업 경영자들은 해마다 회사의 신년도 사업목표와 조직 내의 각 구성원들이 해야 할 각자의 역할에 대해서 명확하게 공유하도록 해야 한다.

J회계법인은 매 사업연도 말(3월 말일)이 종료되기 전에 신년도 사업계획과 손익예산을 편성하고, 4월 중에는 전체 파트너(Partner, 파트너십의 출자임원)와 임원들이 함께 모여 신년도에 회사가 나아갈 방향과 사업계획에 대해서 공유하고 성공적인 목표달성을 다짐하는 행사를 가진다. 각 사업본부별 KPI(Key Performance Indicator, 주요 성과지표)와 KPI에 상응하는 본부소속 임직원들에 대한 보상과 혜택을 제시하고, 새 사업연도의 출발선상에서 협동과 단결을 요구하는 것이다.

사업연도 중에는 각 사업본부별로 매월 본부별 손익실적을 분석하고 필요한 대책과 조치를 모색하며 이러한 내용을 본부장회의에서 논의하고 분기별 실적을 이사회에 보고·검토하게 된다.

월별·분기별 손익실적, 전문직 요원들의 활용도(Utilization %) 및 계약된 용역별 수익성을 표시하는 Realization % 분석, 그리고 프로젝트별

청구실적·수금실적 등은 중요한 회계법인 경영관리(Practice Management) 대상들이다. 또한 전문직 요원들의 인력개발과 실적평가를 위한 평가 시스템의 운용실태와 우수인력 중에서 이직한 인원비율 분석이 비재무적인 측면에서의 주요 관리대상이 된다.

이러한 관리정보 시스템을 통해서 각 사업본부 단위와 파트너별·고객별로 목표와 실적이 투명하게 반영되고 있어서 항상 임직원 모두의 뇌리를 떠나지 않고 있으며, 시스템에 의한 경영(Management by System)이라는 문화를 형성하고 있다.

정기적으로 이상에서 언급한 관리자료들을 모든 파트너들에게 공유함으로써 각자가 소속본부의 손익실적을 그리고 나 자신의 업무실적을 알고, 스스로 금년에 나는 이 회사에 얼마나 기여했고, 우리 본부는 몇 %의 보너스 재원을 받아내서 본부 소속직원들에게 보너스를 얼마나 지급할 수 있는지를 짐작할 수 있게 된다.

모든 임직원들이 금년에 조직 내에서, 각자 각자가 자기와 동일한 직급에 있는 그룹 중에서 어떤 위상에 있게 될지를 가늠할 수 있게 된다. 실적이 나빠서 소속직원들에게 충분한 보상을 주지 못하는 본부장은 조직 내에서 위상이 흔들리게 된다. 여기서 중요한 것은 이러한 관리 시스템을 설계 의도에 합당하게 운영해야 한다는 것이다.

법인의 운영상황과 경영성과를 심사·분석하고 각 본부들의 활동성과를 제대로 평가하고 격려와 보상을 하고자 본부장 회의·이사회에서 정기적으로 실적들을 심사 분석하게 된다.

여기서 비재무적인 인사관리나 품질관리(Quality Control) 부문의 중요성을 가볍게 보고 이들에 대한 자료를 검토하고 분석함에 있어서 소홀했거나, 때로는 회의시간상 제약을 이유로 생략한 경우가 있다면 지식산업인 회계·컨설팅 회사로서는 반성해야 할 일이다.

각 본부장 및 파트너들의 임무 중에는 부하들을 잘 보살펴서 훌륭한 인재가 되도록 인력개발과 실무능력 배양을 위한 실무연수(On-the-Job Training)를 잘 실시해야 하는 정말 중요한 임무가 있다.

파트너들이 정기적으로 부하들 한 사람 한 사람과 직접 얼굴 맞대고 그간의 업무실적을 같이 들여다보면서 코칭(Coaching)도 해주고, 강점·약점들을 짚어줌으로써 인력개발과 동시에 합당한 성과평가 절차를 실행하게 되어 있다. 여기서 '개인별 업무실적 평가서'가 작성되고 주요한 인사관리 자료로 사용되게 된다. 이러한 일련의 과정을 거쳐서 실적에 따른 보너스를 지급해야 한다.

엄청나게 중요한 과정임에도 불구하고 실제 면담은 생략하고, 회사방침으로 제출해야 하는 개인별 업무실적 평가서 양식의 작성은 형식적인 서류작업으로만 끝내버리는 사례가 많다. 본부에 할당된 직원 보너스 예산을 개개인 직원들에게 배정해야 할 때는 본부소속 파트너들 회의에서 소속직원들을 상대평가하여 몇 개의 소그룹으로 나누어 보너스 지급액을 결정하고 끝내는 사례가 많은 게 사실이다.

훌륭한 일터는?

오늘날 경영자의 중요한 과제가 사람경영이다. 우리 회사가 세상의 인재들이 취업하여 일하고 싶은 최상의 일터라고 평가받았다면, 이미 성공한 사업이고 성공한 경영자일 것이다.

우선, 회사의 모든 임직원이 자기의 역량을 힘껏 개발할 수 있고 자기가 인정받고 존중받는다는 느낌을 받으며 일할 수 있게 해야 한다.

둘째, 즐겁게 일하고 열정을 쏟을 수 있는, 즉 회사 일에 완전 몰입하는 분위기를 만들어 내고 회사의 성과를 올릴 수 있는 창의성을 키워주고 성취감을 느끼면서 애사심을 가질 수 있게 한다.

이렇게 하면 자연히 외부 고객의 만족도가 높아지며 우리 회사는 시장 경쟁력을 가지고 지속 가능한 경영이 실현된다.

글로벌 컨설팅 기업인 타워스 왓슨(Towers Watson)이 발표한 '2010 글로벌 인적자원 보고서(Global Workforce Study)'에 따르면 국내직원 업무몰입도(Employee Engagement)는 조사 대상 국가 중 최하 수준에 그쳤다. 국내 응답자 1,000여 명을 포함해 미국, 영국, 중국, 일본 등 전 세계 2만 명 이상이 참여한 이 연구 결과에서, 본인 업무에 높은 몰입도를 보이는 국내 직원 비율은 6%로 전 세계 평균인 21%에 비해 현저히 떨어졌다.

국내직원 업무몰입도

6%	46%	38%	10%
완전 몰입	몰입하는 편	몰입하지 않는 편	마지못해 일함

전문가적 서비스를 제공하는 회계법인의 경우에는 훌륭한 조직문화를 구축하고 회사 안에 좋은 문화가 뿌리내리도록 경영자는 스스로에게 끊임없이 다음과 같은 질문을 하면서 노력해야 한다.

• 다음 도표에서 설명해 주고 있는 바와 같이 회계법인의 경우 파트너(Partner, 파트너십의 출자임원) / 매니저(Manager, 부장 직급의 회계사)들이 후배 전문직 요원(Professional)들로부터 신뢰와 존경을 받고 있는지?
• 임직원들이 회사에 몸담고 있음에 대하여 자부심을 느끼고 있으며 회사의 업무에 대하여 철저한 몰입자세가 갖추어져 있는지?
• 회사에 소속되어 동료와 즐겁게 협조하며 밝은 분위기에서 유쾌하게 일하고 있는지?

훌륭한 일터의 모델

〈K-Pop Star〉라는 SBS방송국의 오디션 프로그램에서 심사위원으로 나오는 양현석, 박진영, 유희열 등으로서는 오디션 과정이 참가자들의 가수로서의 잠재력을 발굴하고 발전을 도와주는 심각한 사업이지만, 이들은 정말 행복하게 그리고 즐겁게 신인가수를 발굴하고 후배들을 가르치고 있었다. 노래를 잘하는 후배 그리고 그들의 발전하는 모습을 보면서 온몸으로 그 즐거움을 표현하고 있었다. 이것이 여기서 말하는 'Fun'이고 이들은 즐겁고 행복하게 일하기 때문에 그 분야에서 성공하는 것이 아닐까?

프로페셔널로서의 일생을 돌아보면 항상 나에게는 훌륭한 일터가 주어졌던 것 같다. 나는 매일 아침 출근길에 다이어리를 펴서 고객과의 약속이나 회의 일정 등 오늘 할 일들을 생각하면서 설레는 마음으로 사무실로 향한다. 누가 시켜서가 아니라 내 자신이 회사를 위해서 해야 될 일이고 할 수 있는 일이면 최대한 많은 일들을 계획했다. 그 계획들을 하나하나 처리해 나가는 것이 행복하고 보람된 생활이었다.

자율과 설렘, 그리고 열정을 가지고 매사에 집중하고 도전정신을 가지고 주어진 과업들을 해결해 나가는 삶이었다. 그날그날의 '프로회계사'로서의 일정을 계획하고 실천하는 즐거움이 있었다.

모든 직원들은 상사와 경영진에 대한 신뢰가 있고 이 회사의 임직원이라는 사실에 자부심을 느끼면서 즐겁게 자기에게 주어진 임무수행에 몰입할 수 있어야 한다.

모든 임직원들에게 '훌륭한 일터'로 받아들여진다면 생산성, 회사에 대한 충성도와 수익성은 높아질 것이다.

반대의 경우는, 소극적인 업무태도로 시키는 대로만 움직이며 눈치만 살피고 자기 실속만 챙기려 하는 등 부정적인 사고가 만연하게 된다.

바람직한 조직문화가 완성되기 위해서는 '훌륭한 일터'의 요건을 충족하고, 모든 임직원들이 진정으로 주인이라는 투철한 의식구조를 가지는 것이 필수적이다.

훌륭한 일터(Great Work Place)를 만들어 나가면서 프로페셔널리즘(Professionalism)이 철저한 문화를 조성하고, 삼성그룹 임직원들의 가슴 속에 살아 있는 '우리는 삼성맨(Samsung Man)!'과 같은 일등정신이 온 조직 안에 배어 있어야 한다.

이러한 거대한 일련의 과정들을 완결해 나가려면 CEO와 모든 파트너들이 우리 회사의 바람직한 조직문화에 대하여 밤을 새우면서 토론하고 공감하여 정신무장을 한 후, 좋은 조직문화를 항상 염두에 두고 경영해 나가야 할 것이다.

교황이 선출될 때까지 바깥세상으로 나오지 못하는 추기경들의 콘클라베(Conclave)가 생각난다. 파트너들이 모여서 우리 회사의 조직문화와 진정한 프로정신과 파트너십(Partnership) 정신을 토론하고 회사의 경영자인 전체 파트너들이 철저히 공유하는 심야의 콘클라베는 추천할 만한 일이다.

이렇게 함으로써 모든 파트너들이 가슴으로 받아들이고 지켜나갈 조직의 가치관, 좋은 전통, 경쟁력 있는 조직문화, 주인정신과 일등정신의 함양을 위한 구체화된 세부 실행계획(Road Map)을 작성하고 적극적인 실천계획을 공유해야 한다.

조직문화의 구성요소에 대한 대표적인 연구로는 '7S'모델을 들 수 있다. '7S'모델은 1981년 리처드 파스칼과 안토니 에토스의 일본기업의 성공방법을 연구한 『The Art of Japanese Management』라는 책에서 처음 언급되었다. 조직문화에 영향을 주는 조직 내부의 7가지 구성요소-공유가치(Shared Values), 조직구성원(Staff), 관리시스템(System), 기술(Skill), 리더십 스타일(Style), 전략(Strategy), 구조(Structure)-가 있다.

이 중 특히 공유가치, 즉 조직이 전통적으로 중요시하고 있는 가치관, 이념, 관습, 의식, 전통가치, 기본 목적 등의 중요성이 강조되었다. IBM사의 서비스 정신, 3M사의 창의성, 일본 혼다사의 혼다이즘(Hondaism) 등이 그 대표적인 예이다.

기업문화가 곧 경쟁력이다

　루이스 거스너 전 IBM 회장이 "나는 문화가 승부를 결정짓는 요소 중 하나가 아니라, 문화 그 자체가 승부라는 것을 깨달았다."라고 기업문화의 중요성을 역설한 바 있다.

　기업문화는 기업의 가장 소중한 전략적 자산이자 최후의 경쟁력이며 양날을 지닌 칼로서, 적절하게 관리되면 가장 효과적인 자원이다. 하지만 반대의 경우에는 가장 치명적인 요소이다. 또한 구성원들의 다양한 가치관을 담아서 녹여낼 수 있는 용광로(Melting Pot)이다. 기업 환경이 복잡해질수록 기업문화의 중요성은 증대한다.

　회계사 업계의 선두주자인 어느 회계법인은 그 조직문화가 특별한 바가 있다. 어떤 전문분야의 토론회나 업계의 회의 등 어떤 자리에서도 자신 있게 드러내는 일등정신과 프로로서의 자존감과 긍지, 그리고 자기네 법인의 실책을 문제 삼는 회의석상에서 회사의 이익을 지키기 위해서 물불을 가리지 않고 온갖 노력을 다하는 모습을 보면서 옳고 그름을 떠나서 그 파트너(Partner)의 투철한 주인정신과 승부근성은 본받을 만하다고 생각했다.

진정한 주인의식, 프로근성, 파트너십(Partnership)의 기본철학, 프로로서의 진정한 자존감 등의 바람직한 조직문화가 얼마나 중요한지를 생각하게 하는 몇 가지 사례가 있다.

▇ 어떤 중요한 프로젝트 기회가 있을 때 회계법인이나 컨설팅 회사에서는 특정 프로젝트 수주를 위한 영업 전략회의를 개최하는 경우가 있다. 우리가 이 수주경쟁에 뛰어들 것인지 여부를 결정하고, 수주를 위해서 경합을 하겠다면 우리의 경쟁자와 비교하여 강점·약점·기회·위협요인 분석(SWOT분석), 계약 의사결정기관(Buying Center) 분석 및 접촉 대상자(Contact Point) 점검, 수익성 및 위험(Risk) 평가 등을 거쳐서 우리가 경쟁에서 승리하기 위해서 세부적인 전략을 협의하게 된다.

어느 날 〈A그룹 해외법인의 관리 시스템 구축 프로젝트〉를 수주하기 위한 영업전략회의가 있었다.

결론부터 말하자면 B회계법인(이하 '법인')은 이미 선행 프로젝트인 '재무 시스템 구축 프로젝트'를 수행한 유리한 입장에 있었음에도, 여기서 얘기하는 후속 프로젝트의 수주에는 불성실한 영업 담당자들의 회의준비와 형식적인 회의진행 때문에 실패했다.

'법인'의 영업 전략회의에서 가장 중요한 내용인 '예상되는 경쟁자 분석' 장면에서 경쟁자 중 가장 관심권인 모 회계법인이 이번 경쟁에 참여하지 않는다고 J상무가 자신 있게 단언했고, 그 이유를 묻는 참석자들의 질문에 "A그룹의 수수료 수준도 낮고 업계에서 'Big 4'(국제적 규모의 4대 회계법인과 업무제휴한 회계법인) 간에 더 이상 가격경쟁을 하지 않는 분위기가 조성되어 있기 때문"일 것이라고 L파트너가 무책임한 즉석 해설까지 덧붙였다. 뒤에 알고 보니 J상무는 사실을 잘못 파악하여 헛된 보고를 했고, L파트너는 한술 더 뜬 근거 없는 억측을 덧붙인 것이다.

J상무는 이미 모 회계법인에 마음을 두고 있는 A그룹의 본 프로젝트를 담당하는 실무자와는 평소에 왕래가 없었으며, 사실은 A그룹이 공개경쟁의 모양새만을 갖추기 위해서 뒤늦게 '법인'에게도 연락을 하여 용역제안서를 제출하도록 했고, '법인'은 일정금액 이상의 프로젝트인 경우에는 영업전략회의를 개최해야 하는 내부방침에 따라서 갑자기 회의를 하게 된 상황이었다.

고객의 실무 책임자들과는 사전에 전혀 따뜻한 고객관계 설정이 되어 있지 않았고, 정확한 프로젝트진행상황을 파악하지 못한 상태에서 회의도 개최하고 용역제안서도 제출하기로 한 것이었다.

결과는 이들의 보고내용과는 달리 모 회계법인이 경쟁에 참여했고 '법인'이 제안한 수수료금액보다 살짝 낮은 가격인 10억 원대에 그 법인이 계약해 갔다고 했다.

영업 전략회의를 개최하는 것, 그 자체가 목표였던가? J상무는 회사 방침 상 수수료 수준이 일정 금액 이상인 큰 프로젝트인 경우에는 전략회의를 하게 되어 있으니까 갑자기 시간에 쫓기며 부정확한 사실에 기초하여 회의 형식만 갖추었을 따름이고, 주인의식을 가진 사람들의 책임감 있는 알찬 회의가 아니었다.

이러한 잘못된 관행을 고쳐서 회의에 참석하는 많은 고급간부들의 귀중한 시간을 헛되게 하지 않고, 알찬 영업전략을 세워서 경쟁에서 이길 수 있는 조직문화를 만들어 나가야 한다.

일정 규모 이상의 프로젝트는 반드시 소정의 영업 전략회의를 하기로 한 법인방침 때문에 회의를 하기는 하는데, 불성실하고 형식적인 영업 전략회의를 하는 경우를 흔히 목격하게 된다. 회의를 개최한 흔적만 남겨서 사후에 회사 안에서 비난받는 사태만을 회피하고자 하는 것이다.

경쟁자가 사전에 계약하기로 비공식 합의까지 해둔 상황에서 뒤늦게 용역제안서를 받고 피상적 정보만으로 영업 전략회의를 개최하여 우리 측이 받고 있는 불평사항이나 부족한 인력자원(Resource) 및 수행실적(Track Record), 실무 책임자와의 친분관계 설정(Relationship) 부족 등의 약점을 사실대로 펼쳐놓지 않는 폐단이 있다.

현재의 경쟁력이 불리한 상황일지라도 사실대로 정확히 보고해서 이러한 불리한 점을 극복할 수 있는 더욱더 강력하고 충분한 전략을 마련하지 않은 채 그냥 진행하면 결국 실패하게 된다. 추후에 프로젝트 수주에 실패한 원인 분석단계에 가면 흔히 경쟁법인의 가격 덤핑이나 정치적인 영향력을 이유로 변명하는 경우가 발생한다.

따라서 효율적인 영업 전략회의가 되려면

우선, 매 회의 때마다 회의의 결론을 분명히 기록해 둬야 하며 반드시 수주활동을 계속 추진할 것인지 여부를 결정하고, 그 구체적인 수주전략(가격정책을 포함)과 용역계약 의사결정 부서(Buying Center)의 구성원별 접촉 담당자를 분명히 기록해 둔다.

그리고, 수주에 실패한 경우에는 해당 영업 전략회의 자료를 추적하여 검토하고 실패원인을 분석하는 절차를 거쳐야 한다. 의미 있는 영업 전략회의를 제대로 운영하면 에너지의 효율적 이용은 물론이고 경쟁에서 승리할 확률을 높일 수 있다.

2 A사의 글로벌 ERP(Enterprise Resource Planning) 구축 프로젝트를 수임하기 위해서 치열한 경쟁을 겪으면서 2013년 2월에 와서 우선 K컨설팅 회사가 협상대상자로 선정되기에 이르렀다.

그 과정에서 고객회사의 주요 의사결정권자에게 투입인력과 PM(Project Manager, 프로젝트 매니저)의 프로필도 설명하고, 고객의 요청에 의해서 처음에 K컨설팅 회사가 계획했던 프로젝트 매니저(PM) A

대신에 선행 프로젝트를 수행했던 프로젝트 매니저 B로 바꿀 수밖에 없었다.

그런데 컨설팅 본부장과 당초에 계획에 있었던 PM이 불만이 컸다고 한다. "아무리 고객이 왕이라고 하지만, PM은 우리가 결정하는 것이 상례인데 자기네들이 그런 요구를 하다니…."

진정한 '프로페셔널'이라면 프로로서의 자존감과 자만심을 구별해야 할 것 같다. 선행 프로젝트를 통해서 이미 고객회사의 업무에 익숙해진 사람을 보내 달라는 고객의 요청을 반영해서 최대한 만족감을 주는 것이 프로로서 당연한 처사일 것이다. 고객회사의 요구대로 하더라도 서비스 품질에 문제가 되는 것이 아니라면, 회사 내부에서의 인력운영상 약간의 어려움이 있더라도 당연히 고객의 요청을 우선적으로 존중해야 할 것이다.

❸ CEO와 대화가 원활하지 못한 어느 회사의 P본부장이 마침 CEO가 구상하는 자기 본부 내의 임원인사(안)에 대해서 불만이 있었다. 인사담당 임원이 그 본부장을 설득하고 불만을 무마할 임무를 띠고 만나서 "CEO가 요지부동이니 어쩔 수 없지 않겠소? CEO의 인사(안)을 그냥 받아들이세요!"라고 하면서 CEO에게만 불만의 화살이 가도록 하고, P본부장에게 인사(안)을 일방적으로 통보하는 단순 심부름꾼 역할만 했다.

진정한 주인의식을 가진 임원이라면 심부름꾼 노릇만 할 게 아니라 자기 소신도 CEO와 공감한다면서 P본부장을 적극적으로 설득하고 이해시키는 노력을 했어야 한다. 아니면 CEO와 직접 대화하도록 주선하여 소통기회를 가질 수 있게 했었어야 옳았다.

'학습된 무기력(Learned Helplessness)'이라는 개념이 있다. 인간이 통제할 수 없는 혐오적인 사건에 직면하여 자신의 반응으로 미래의 결과를 통제하지 못할 것이라는 예측에서 무기력이 발생한다고 했다. 나는 이러한 '학습된 무기력' 현상이 조직 안에 풍미하고 있는 기업은, 어떤 하찮은 계기가 발생하면 이것이 심각한 문제로 번지면서 어느 한순간에 큰 비극을 겪게 될 수도 있다고 본다.

최고의 인재들이 찾는 최고의 직장

C회계법인은 한국의 젊은이들에게 전 산업을 통틀어서 가장 좋은 직장 즉 'Employer of Choice(Best Employer)'가 되겠다는 목표를 달성코자, 인사부문(HR) 전문 컨설팅 회사로부터 컨설팅을 받아보기로 했다. 수개의 선발된 HR 컨설팅사의 프레젠테이션을 받고 검토한 후 세계적인 HR 컨설팅 회사인 'Hewitt'사를 선정하고, 회사의 장래를 위하여 2006년 당시로서는 꽤 큰 금액인 1억5천만 원의 용역계약을 감행했다.

이 과정에서 각 컨설팅사를 통해서 간접적으로 확인된 사실은 국내에 있는 어느 회계법인도 큰 금액의 수수료를 지불하고 외부 HR 전문 용역업체로부터 컨설팅 자문을 받은 적이 없었다는 것이다. C회계법인이 HR 부문의 개선을 중요시하여 이러한 투자를 하는 첫 번째 회계법인이 된 것이다.

'Hewitt'사의 보고에 의하면 2006년 C회계법인의 직원 성과몰입 (Employee Engagement) 수준은 본부별, 직급별 성과몰입의 차이가 있지만 전반적으로 19% 수준으로서 상당히 낮은 편이어서 성과몰입 개선 노력이 필요하다는 지적을 받았다.

　다음 표에서와 같이 성과몰입도가 우수한 소위 'Global Best Employers' 기업과 비교해 보면 그 심각성을 절실하게 느낄 수 있었다. 성과몰입 (Engagement)이란 구성원들이 경영성과 향상을 위해 지적으로나 정서적으로 몰입되어 있는 상태를 말하며, 기업의 경영성과가 밀접한 관계를 나타내고 있다. 'Global Best Employers' 즉 국제적으로 가장 일하고 싶은 좋은 회사의 경우에는 직원들의 성과몰입도가 76%로서 최상의 성과를 올리는 영역에 속함을 알 수 있다.

성과몰입도와 총 주주수익률

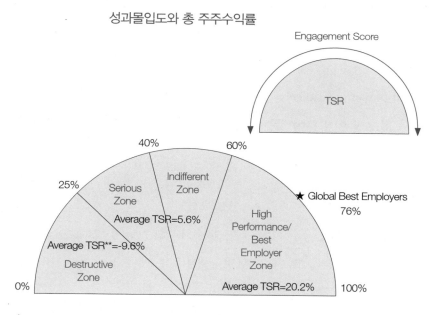

* Source : Hewitt Associates Employee Engagement and Best Employer Databases of
　　approximately 1,735 companies (2002~2004)
** TSR : 총 주주수익률(Total Shareholder Return)

이러한 투자와 수년에 걸쳐서 경영층에서 끊임없이 개선 노력을 해온 결과 직원 성과몰입도가 일류기업 수준으로 향상되었고, 이제 C회계법인이 신입 전문직 사원을 채용할 때 과거와는 달리 가장 인기 있는 회계법인으로서 자리매김하게 되었다. 급여·상여 등 경제적 보수 수준 이외에도 이 컨설팅 결과 지적된 결함들을 개선하고자 C회계법인의 경영층에서 각종 노력들을 꾸준히 해온 덕택이라고 생각된다.

C회계법인의 뉴스레터에 실린 〈채용특집〉에서 홍보하였듯이, 회계사시험 합격자들을 겨냥해서 C회계법인의 훌륭한 복리후생 제도와 인재양성 시스템을 가지고 있다고 공표할 수 있게 되었다.

Employer of Choice!
– 최고의 인재들이 찾는 최고의 직장

≪채용특집≫

C회계법인은 Employer of Choice를 달성하기 위해 Work & Life Balance 증진, Compensation 경쟁력 강화, 우수인재 유치/육성/유지, 조직문화 활성화를 목표로 하여 다양한 제도를 기획하고 시행하고 있다.

복리후생 제도

◙ 선택적 복리후생 제도(BLSP) 운영

가족들과 함께 보다 알찬 여가생활을 보낼 수 있도록 매월 복리후생비 지원

◙ 지정휴가제(징검다리 연휴 제공)

공휴일 또는 국경일 사이에 낀 근무일을 휴가로 지정하여 연휴보장

◙ Family Day 운영

매월 둘째, 넷째 금요일 6시 정시 퇴근제도로 가족과 함께하는 시간 권장

◙ 사내 동호회 운영

사내동호회(축구, 등산, 승마 등) 활동비를 보조하는 등 여가 활동 지원

◙ 병 · 의원 연계 무료시술 및 진료비 할인

진료비의 20% 이상을 연중 상시 할인할 수 있는 병 · 의원과 연계체제 완비

◙ 모유 착유실 운영

여성 임직원의 출산과 보육을 지원하는 모유착유실 운영

◙ 경조사비 지원

◙ 하계 휴양소

임직원이 사용할 수 있는 법인 콘도회원권 운영

◙ 제휴업체 할인

식당, 카페, 헬스클럽, 병원 등 다양한 제휴업체와의 할인혜택 제공

인력개발 제도

✪ 본부별 순환근무(Staff Pooling)

최초 입사로부터 2년간 3개월 단위로 다른 본부에 순환 배치하여 근무하도록 함으로써 사내 다양한 부문의 업무에 대한 이해와 전문성을 함양할 수 있도록 한 OJT(On-the-Job Training) 프로그램 운영

✪ 단기 파견근무(Out of Box) 제도

임직원들의 다양한 경력개발 기회 제공을 위해 운영되는 제도로 본부 간의 수요를 반영하여 정기 신청뿐 아니라 수시로 수요가 발생될 때마다 신청접수를 받아 운영

✪ 본부이동(New Challenge) 제도

'Out of Box'제도와 달리 이동희망본부를 신청하여 단기파견이 아닌 희망본부로 이동하는 제도로, 매년 두 차례 신청받아 5월과 11월 1일부로 인사발령

✪ 해외파견(Global Mobility) 제도

일본, 호주, 중국, 인도, 싱가폴 등 아시아권과 독일, 영국, 체코, 폴란드, 슬로바키아, 러시아 등과 같은 유럽권 국가들의 Korean Desk(한국 기업고객 담당부서)로 해외파견을 갈 수 있도록 적극 권장하고 후보자를 육성

미래를 내다보는 사업가의 통찰력 (Business Insight)을 가진 경영자는?

비즈니스 인사이트(Business Insight)를 지닌 프로회계사–

피터 톰슨(Peter Thompson)

1979년 어느 날 KPMG Australia에서 일본기업 고객을 담당하는 어느 파트너가 "장래의 한국 기업들이 호주에도 진출할 것이다."라고 하면서 방한하여, 그때 D회계법인의 당시 간부들이 내심 당혹스러워 했던 기억이 난다.

나도 그 당시 '이분이 왜 왔지?' 의아해하면서 저녁식사 대접을 하는 임무를 수행했던 일이 있었다. 한국문화와 경제에 대한 얘기들을 섞어가며… 짧은 영어 덕분에 땀을 흘렸고….

70년대 후반 일본기업들이 국제무대에서 활발하게 활동하고 있을 즈음에 한국이 '제2의 일본'이 된다는 믿음을 가지고 회계사로서 남보다 앞서서 Australia에 진출하는 한국 기업고객을 확보하는 장기 전략을 구상한 인물이었다.

그 파트너 이름이 피터 톰슨인데 이 사람은 뛰어난 프로페셔널로서 호주 회계 업계와 동료 파트너 및 후배들의 신망이 거의 신화적인 인물이다. 일찍부터 KPMG Australia라는 회사의 한 부서로서 일본 사업부(Japanese Practice)를 구축한 것을 필두로 Korean Practice, Project China 등을 연이어 설치했고 결국 KPMG Australia 내의 Asia Practice를 일구어냈다. 항상 새로운 영역을 개척하고 궂은 일, 어려운 일을 솔선수범해 나가는 인물이었다. 후배 프로에 대한 특별한 애정을 가지고 인재개발에 힘써 오신 분이기도 하다.

그뿐만 아니라 회사 내의 각종 크고 중요한 사안들마다 태스크포스(Task Force)를 주재하여 뛰어난 경영자로서의 해결능력을 보였고, 급기야 회사 안에서 CEO로 추대되었지만 "CEO라는 자리에는 나보다 후배지만 이런 사람이 더 적임자입니다."라고 하며 훌륭한 CEO를 추천하고, 뒤편에서 한 사람의 '프로회계사'로서 하던 일을 계속하다가 58세 되던 해인 1997년경에 조기 퇴직을 하신 분이다.

그의 명망은 세월이 많이 흐른 지금에도 후배들에게 반짝이는 보석처럼 빛나고 있다. 지금 김&장에서 대단한 활동을 하고 있는 L회계사는 업계의 많은 이들로부터 그의 프로로서의 탁월한 능력을 인정받고 있다. L회계사는 호주 회원사의 신입회계사 시절에 피터 톰슨을 만나 세무컨설팅 업무 외에도 손님 응대하는 예절과 프로의 정신자세까지 포함하여 제대로 훈련과 코칭을 받았다. 와인(Wine)을 즐기는 고객과의 친근한 분위기 조성에 도움이 될 수 있도록 와인에 대한 상당한 상식을 갖추는 것까지도 세심하게 도와주셨다고 한다. 그의 각별한 지원과 지도에 힘입어 L회계사는 호주에 있는 한국기업 고객을 담당하는 책임자(Korean Practice Head)로 성장하였고, 한 사람의 유능한 프로가 될 수 있었기에 평생 그를 은인으로 생각하고 있다고 한다.

도전 정신의 개척자- 도미닉 호(Dominic Ho)

1982년 어느 날 KPMG Hongkong에서 손님이 왔는데 내가 또 응접을 하게 되었다. 명함을 보니 KPMG 북경사무소의 매니저(Manager, 부장 직급의 회계사)인 도미닉 호였다. 중국에 처음 사무실을 열고 운영하게 되었는데, 자기가 매니저 직급이지만 북경사무소장으로 활동하게 되었으니 많은 지원을 해달라고 부탁을 해왔다. 그에게 한국의 에너지 업체 고객을 중심으로 몇 군데 방문을 주선해 준 기억이 난다.

그 당시로서는 '중화인민공화국'에 회계사업을 하기 위해서 진출하겠다는 사실과 '매니저' 직급을 가진 자, 즉 파트너가 되기 전의 중간 관리자 정도의 직급인 자가 완전 '황무지'에 개척자 정신을 가지고 뛰어든 것 자체가 내게 강한 인상을 남겼다. 세월이 20년 지난 어느 날, 어떤 KPMG 국제회의에서 KPMG China and Hongkong의 CEO(KPMG 150여 개국 회원사 중에서도 Top 5 회원사에 들어가는 VIP에 해당됨)

인 그를 만나 인사하는 순간 곧바로 그때 일을 떠올리고는 감회가 새로웠던 일이 있었다.

정말 장기적인 안목을 가진 인물들이 세상을 선도하고 있다는 사실은 회계사 업계도 예외가 아닌가 보다!!

J회계법인도 우리 기업의 세계화·국제화를 겨냥해서, 주요국가 21개국에 약 35명의 전문인력을 파견하여 'Global Korea Practice'라는 팀 명칭 아래 외국에서 한국기업들을 위해 회계와 경영컨설팅 서비스를 하고 있다. 사실상 해외에 파견할 만한 자격이 되는 사람들은 소속 본부에서 현재에도 가장 활용도가 높은 우수한 인력들인지라, 본부장 등 간부들 입장에서는 상당한 고통을 감수하고 파견을 내보내는 실정이다. KPMG Mongolia Office에 J회계법인의 전문직 요원을 파견근무 시키고 있는 것도 미래를 내다보는 투자의 사례인 것이다.

1986년 12월 내가 회계법인(이하 '법인')의 한 사업부를 맡고 있던 전무급 파트너 시절에, 처음으로 용감하게도 여성 공인회계사(Certified Public Accountant, CPA)를 채용했다. 1976년 필리핀 SGV & Co, 80~81년의 KPMG USA에서의 여성 CPA들의 활발한 활동들을 상기하면서, 장래에 우리 업계에도 닥치게 될 여성 전문가에 대한 요구를 내다보면서 작은 모험을 했던 것이다. 당시에는 우리 회계사 업계에서 여성 공인회계사의 활동이 거의 없었던 시절이었다. 당시 '법인'의 대표께서 나를 불러서 "여성 CPA가 고객에게 가서 증빙서류 내놔라, 전표 봅시다 해도 되겠느냐? 고객들이 싫어할 텐데…."라면서 걱정을 했다.

내가 "그 걱정을 저도 했는데 그럼에도 불구하고 제 담당 고객회사 중에서 이 여성 CPA가 고객의 거부감 없이 일할 수 있는 외국기업 고객이 충분히 있으니까 걱정 안 하셔도 되겠습니다."라고 대꾸했는데, 그 후 세월이 흘러 그녀가 대한민국 최초의 'Big 4'(국제적 규모의 4대 회계법인과 업무제휴한 회계법인) 여성 파트너로서 2003년 10월 1일 신문 · 방송 각종 언론매체에서 화젯거리로 다루어졌던 인물이다.

요즈음에 와서 우리나라에서 여성 대통령에 이어 여성 금융기관장을 비롯한 각 재벌 그룹사의 여성 CEO나 임원들이 등장하는 것을 보면서 내가 몸담았던 회계법인이 앞서 나가고 있었던 것 같아서 흐뭇하기도 하다.

그 뒤를 이어 2004년과 그 이후에는 '법인'에 여러 명의 여성 파트너가 등장했다. 당시 이에 자극받은 경쟁법인에서는 여성 파트너 후보로 고려할 수 있는 여성 CPA 자원 자체가 부족해서 고민했다고 들었다.

고객회사의 CEO, CFO(Chief Financial Officer, 최고재무책임자) 및 실무팀장 등 '프로회계사'들이 만나는 상대방들 중에서 여성의 비중이 엄청나게 커지는 사회현상을 미리 내다보는 안목이 필요했던 것 같다.

고객이 인식하는 가치(Value)를 키워야 한다

우리는 경쟁업체보다 빠르게 그리고 지속적으로 성장해야 한다. 우리의 경쟁업체보다 더 큰 점유율을 획득해 나가야 한다.

회사가 성공적인 세일즈 문화를 적용함으로써 우리 회사를 차별화시키고 우리의 고객에게 해당 시장에서 리더로 우리를 인식할 수 있게 만든다.

성공적인 세일즈 문화(A Winning Sales Culture)

조직문화는 세월의 흐름에 따라 진화되어온 전통이나 의식, 과거에 일구어낸 영업의 성공신화나 사례 등을 포함한 그 조직 구성원들의 행동과 가치로 구성된다. 이것은 그들이 회사의 구성원으로 어떻게 행동해야 하는지에 대해 사람들이 가지고 있는 일반적인 이해이다. 세일즈 문화라고 하면 사업을 발전시키고 성장시키는 데 관련된 우리 회사 사람들의 신념과 특성을 의미한다. 세일즈 문화는 세일즈 프로세스와 관련된 구성원들의 태도와 능력을 반영한다. 강력한 세일즈 문화 또는 성공적인 세일즈 문화는 넓게 공유되고, 명확하게 구조화되고, 강력하게 구현된 회사의 강력한 판매 가치에 의하여 결정된다.

탁월한 세일즈(Sales Excellence)는 수익과 이익에 관한 우리의 성장 목표를 명확히 하고, 이를 초과 달성할 뿐만 아니라 고객과 지속가능한 장기적인 고객 관계를 이루며 긴밀하게 협력해 나갈 수 있게 하는 것이다.

전문가다운 영업(Professional Selling)

음주와 골프 접대가 영업활동에 필수적인 듯한 때가 있었다. 그러나 요즈음은 건전한 운동이나 콘서트 · 뮤지컬 초대 등을 통한 고객 접대가 폭넓게 확산되고 있는 것 같다. 상대방의 나이 · 학벌 · 취미 · 취향 · 가족상황 등을 감안하여 그/그녀에게 알맞은 대접이 무엇일까를 정성스럽게 고려한 후에 효과적인 접대를 해야 한다.

요즈음 일부의 은행 · 보험회사 · 통신회사들이 영업을 목적으로 대량의 획일적인 내용의 문자메시지나 이메일을 쏟아붓는 것을 보게 되는데 이는 좋은 방법이 아니다. 나는 고객의 개별적인 프로필과 취향이나 가족 상황을 성의 있게 검토한 후에 선별적으로 맞춤형의 글이나 서적을 보내드렸기에 호의적인 반응을 얻을 수 있었다.

전문가다운 판매는 고객의 전문가적 서비스에 대한 요구를 파악하고 만족시키는 과정이다. 사전에 모든 것이 획일적으로 확정된 상품으로 고객에게 접근해서는 안 된다. 우리는 시장이나 백화점에 획일적인 상품을 대량으로 쏟아내는 상품/제품 판매영업을 하는 것이 아니다. 오히려 항상 고객 문제 및 그와 관련된 요구를 이해하고, 우리가 할 수 있는 현실적이고 효과적인 해결책을 모색하고, 그 해결책으로 구성된 가장 적합한 상품과 서비스를 결정해야 한다. 이것이 우리가 고객 및 잠재적인 고객의 요구를 해결하고 그들에게 가시적이고 측정 가능한 혜택(Benefits)을 제공할 수 있는 유일한 방법이다.

영국계의 S사는 화학공장과 같이 열에너지를 많이 사용하는 일관공정에서 에너지절감에 뛰어난 파이프 부품을 생산·판매하는 회사이다. 80년대 초에 한국에 진출한 이후 업계선두를 지키면서 매년 18% 이상의 높은 영업 이익률을 유지하는 우량 중견기업인데, 이 회사 영업사원들은 모두 엔지니어 출신으로서 고객 회사 생산공장의 기계설비에 대한 전문지식과 기술을 가지고 있어서 생산현장에서의 요구를 충족시켜나가는 영업을 하는 소위 '세일즈 엔지니어링(Sales Engineering)'의 좋은 사례이다.

고객이 발전하고 성장하면 그 고객을 가지고 있는 우리들 '프로컨설턴트'들도 같이 발전해 나갈 수 있다. 따라서 '프로컨설턴트'는 고객이 성공할 수 있도록 고객에게 가치(Value)를 제공해야 하며, 가치에 대하여 충분히 인식하고 가치가 판매(Selling)와 어떻게 연관되어 있는지에 대한 개념도 이해해야 한다.

가치는 고객의 기대와 전문가적 서비스 요구를 식별하고 만족시키는 기능이다. 고객의 더 많은 요구를 인식하고, 합당한 해법과 자문 컨설팅으로 그 요구를 만족시킨다면 고객이 인식하는 가치 역시 더 커질 것이다. 그러므로 가치는 다음과 같이 정의될 수 있다.

가치(Value)=B/P

이 정의에서 B는 컨설팅의 혜택(Benefits)에 대한 인식을 나타내고, P(Price)는 가격을 나타낸다. 물론 가격을 인하하면 가치는 증대되게 된다. 만약 이것이 우리가 하기를 원하는 게임이라면, 우리에게 세일즈 문화는 필요가 없다. 우리들 프로는 고객이 느끼는 혜택에 대한 인식을 증가시키기 위해 노력해야 하고, 혜택에 대한 인식의 증가는 전문가다운 영업을 통해서만 이루어질 수 있기 때문에 세일즈 문화가 필요한 것이다.

고객의 변화하는 요구에 맞는 방식으로 우리의 서비스를 조절할 수 있는 능력은 고객이 인식하는 가치를 향상시킨다. 성공적인 세일즈 문화는 고객의 요구에 맞는 서비스 혜택을 제공함으로써 우리가 고객에게 가치를 제공할 수 있게 해주는 것이다.

A그룹은 세계적인 저명 컨설팅회사의 자문을 거쳐서 그룹이 지향할 장기 전략으로서 "Vision 2020"이라는 이름의 비전을 선포하여 국내외의 모든 그룹회사 임직원들이 회사가 나아갈 방향과 미래 비전을 명확하게 인식하도록 하였다. 핵심과제 중 하나는 국제화(Globalization)였고 특히 아시아 시장에서 세계적인 기업과 경쟁하여 최상위 시장 선도자로서 군림하는 목표가 있었다.

이러한 고객회사의 전략에 발맞추어 2009년에 와서 J회계법인(이하 '법인')은 A그룹이 속한 산업에 대한 전문가들을 활용하고, KPMG의 아시아 지역 회원사들의 CEO와 산업별 전문가 및 관세 · 마케팅 전문가들을 파악하여 A그룹 전담 서비스 팀을 구성하였다. 고객에게 필요한 서비스를 파악하고 진정한 서비스 혜택과 가치를 줄 수 있는 방안을 사전에 모색했다.

나는 '법인'이 계획하고 지향하는 목표점을 다양한 전문가 팀들이 충분히 인식하도록 오리엔테이션을 실시했고 KPMG China의 CEO를 만나서 그 회사의 소속 전문가 팀들에게 특별한 정책적 배려를 해줄 것을 약속 받았다. 즉, 당장의 이해타산만을 따지는 것이 아니라 우선은 성실하게 전문가적인 서비스를 하여 A그룹 현지법인들의 사업기반구축을 도와주기로 한 법인의 영업전략에 동참해 달라는 것이었다. 먼저 고객의 마음을 열고 신뢰관계를 구축한 후에 사업은 장기적인 안목으로 해나가기로 한 것이다.

2008년에 한국의 A그룹 본부가 도입한 IFRS(International Financial Reporting Standards, 국제재무회계기준) 회계시스템 구축에 이어서 중국 등 해외 현지 법인의 회계보고 시스템도 많은 작업이 필요하게 되었다. 현지 임직원들의 교육을 포함하여 각종 서비스가 필요한 분야들을 미리 파악하여 적합한 전문인력들을 지원했다.

고객회사와 전문분야별 '프로회계사'들은 명실상부한 일체감(One Team Spirit)을 가지고 보람 있는 업적을 남길 수 있었고 전문가조직으로서 신뢰받는 고객관계는 이상적으로 설정되어서 잘 유지되고 있다.

성공적인 영업 문화(Sales Culture)를 가꾸어 나가야 한다

우리는 고객과 통합되는, 그리고 장기·지속가능하며 협력적인 관계를 구축해야 하는데 고객관계는 상호 간에 감정이입(empathy)을 기초로 생성되는 것이다. 우리가 고객에 대해서 애착을 가지고 살펴봐 주고 있다는 것을 고객이 알게 되는 것이 중요하다. 우리가 무엇을, 얼마나 잘 알고 있는지는 그 다음 단계이다.

우리 경제가 IMF 관리하에서 금융권을 중심으로 한 구조조정 작업이 진행되자, 국제적인 컨설팅 기관들뿐만 아니라 미국 유학 경력을 가진 '까만 머리' 컨설턴트들이 작은 컨설팅 회사를 차려서 국내 컨설팅 시장을 휩쓸었던 때가 있었다.

부티크 컨설팅 업체를 차려서 활동했던 자들 중에 K씨는 한국의 고위층 자녀들을 미국 동부지역 명문학교 지역에서 수년간 살펴주고 지원해 준 인간관계로 학부모인 한국의 유명인사들에게 접근했고, 이러한 인연을 활용하여 국내 시장에서 엄청난 영향력을 행사했던 일이 화제가 되기도 했었다.

또한 고객 회사가 아니라 고객 회사의 CEO/CFO(Chief Financial Officer, 최고재무책임자)의 개인을 위하여 세금 컨설팅 등을 무료로 제공하는 것도 결국은 고객 회사를 위한 용역 개발을 하게 되는 탁월한 세일즈 방법이 된다.

영업이라는 것이 단순하게 전문용역을 파는 게 아니라, 고객의 마음을 먼저 산 후에 나의 혼을 담아 서비스를 해야 한다. 여기에서 '대충'은 경쟁에서 탈락이요, 처참한 패배가 기다릴 뿐이다.

현재 고객으로서 이미 최상의 고객관계가 구축되어 있어서 그야말로 반석처럼 견고해 보일지라도 그 고객의 마음이 항상 내 쪽에만 머물고 있지 않는다는 것을 명심해야 한다.

이 세상에서 제일 확실한 것은 세상 모든 것이 변화한다는 것이다. 지구의 자전축도 4만 년 주기로 22.1~24.5도 사이에서 변하여 지구온도 변화의 요인이 된다고 한다. 이 세상에서 영구불변한 사물이나 현상은 없다.

전략에서 성과까지 (From Strategy to Performance)

우리가 선택할 수 있는 수익증대 전략은 둘 중 하나다.

농사(Farming, 기존 고객에게 기존 서비스 혹은 새로운 서비스를 판매하는 것)

냐? 사냥(Hunting, 새로운 고객에게 기존 서비스 혹은 새 서비스를 판매하는 것)

이냐?

그러나 전략 자체만으로는 큰 성과와 성공을 보장할 수 없다. 핵심은 실행이다. 그리고 성공적인 실행은 그 조직의 문화에 달려 있다. 우수한 판매문화(Sales Culture)는 전략을 잘 실행할 수 있게 함으로써 우리 회사로 하여금 경쟁자들로부터 구별되도록 해주며 우수한 영업 실적을 이루게 하는 것이다.

수익은 우리 자신이 고객의 업무와 통합되면서 그들과 쌓아가는 협동적 관계의 자연적 산출물이다. 가장 이상적인 모습은 우리가 고객의 계획단계초기에 참여하여 고객의 전략을 공유하고 그들이 바라는 미래상을 달성해감에 있어서 당면하는 도전으로부터 발생되는 문제들의 해법을 같이 발견해가야 한다. 계획단계에서 주도적으로 고객과 손을 잡고 서비스를 하는 능력이야말로 우리와 고객 모두에게 최상의 보상을 얻게 되는 전문가적인 신뢰관계의 발전을 가져올 것이다.

성공적인 영업문화(Winning Sales Culture)의 구축은 우리가 경쟁자들보다 빠르게 성장하게 도와주고 장기적으로 협력적이고 수익성 있는 고객관계를 유지시킨다. 또한 우리로 하여금 지속 가능한 경쟁 우위를 가지게 하며 수익과 이익에 있어 성장을 이루고 더 큰 시장 점유율을 향유하게 한다.

성공적인 영업문화 구축 프로세스

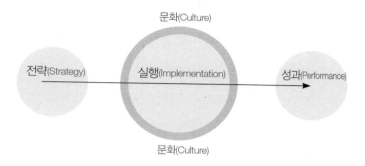

평가와 보상의 차별화

영업전략을 실행하기로 결정하기 전에 먼저 성공적인 영업문화 달성을 위하여 요구되는 영업활동 강령(Sales Imperatives)에 따라 측정한 우리 법인의 각 사업본부들의 현주소를 분석하고 파악해둬야 한다.

각 사업본부가 가지고 있는 판매문화에 대한 인식을 파악하고, 각 부서에 대한 성과점수를 측정하고 그 실행(Practice)를 위하여 그 점수들을 통합한다. 그리고 필수적 문화 변화를 위한 추진계획(Initiatives)을 발전시켜야 한다.

회계와 컨설팅 서비스 조직은 전문직(Professional)들의 직급별로 영업의 책임과 전문가적인 기술 사이에 그 비중이 차이가 있어서 PART 4에 나오는 〈품질 높은 서비스(Quality Service)를 통해서 영업에 성공하다〉편에서 도표로 설명한 바와 같이 파트너(Partner) 이상의 직급에서 영업에 대한 기대가 가장 커지고 매니저(Manager, 부장 직급의 회계사) 직급에서는 주어진 프로젝트 수행도 중요하지만 영업의 책임도 생기게 된다. 스태프(Staff) 직급에서는 비교적 착실하게 프로젝트를 수행하고 품질 높은 서비스 생산에 더 많이 몰두하게 된다.

사업본부의 모든 구성원의 훈련과 헌신 없이 영업 문화의 변화는 이루어질 수 없다. 전문가적인 판매(Selling)의 중요성과 이것이 시장점유율에 미치는 영향에 대한 의식이 모든 사람들에게 공유되어서 각자의 역할을 제대로 인식하도록 하고 긍정적 자세로 행동 양식을 바꾸도록 해야 한다. 우리 행동에 변화를 이루는 것이 성공할 때, 고객이 우리를 어떻게 인지하는지, 우리를 대하는 태도가 어떻게 달라지는지를 볼 수 있을 것이다. 긍정적으로!

현재의 상태에 대한 평가를 완료하고 미래의 이상적인 모습과 차이를 검토하였으면, 각 단계마다 실행을 시작했을 때와 같이 우리의 발전 상황을 돌이켜볼 수 있다. 결국 가장 중요한 것은 성공적인 영업문화를 이루기 위해서는 '훈련(Discipline)'과 '열정(Passion)'이 필수적이다. 우리가 꿈을 담은 계획을 가슴에 품고, 우리의 마음이 그것을 믿는다면, 우리는 그 꿈을 이룰 수 있다.

2013년 12월 우리나라의 추신수 선수는 텍사스 레인저스와 1억

3,000만 달러 7년 계약을 맺어서 화젯거리가 되고 있다. 프로야구 선수가 보통 미국 메이저 리거가 되면 최하 연봉이 5억 원 정도로서 경제적으로 풍요로운 반면 마이너 리그 선수는 최하 월 600달러에서 3,000달러 수준이라고 한다. 매달 지불하는 아파트 월세·식비·교통비를 충당하기 빠듯한 금액이다.

추신수 선수도 2001년 봄 태평양을 건너가 2005년에 가서야 꿈의 무대 메이저 리그에 데뷔했지만 다시 마이너 리그로 내려가는 등 우로풍상을 겪은 아픔의 세월이 있었다.

프로들에 대한 평가와 보상의 차별화는 엄중하고 냉혹한 것이 현실이다.

에필로그

프로(Professional)의 사전적 의미는 '어떤 일을 전문으로 하거나 그런 지식이나 기술을 가진 사람'이라고 한다. 프로정신은 일등정신, 강한 열정과 끈질긴 투지, 소명감과 책임의식, 전문가적인 자긍심과 자존 감이라는 속성을 그 요소로 한다고 생각한다. 그리고 프로는 자신에 대한 공정한 평가결과를 깨끗하게 수용하고 가혹할 정도로 차별화된 대우를 인정한다. 오직 자기 자신의 능력과 실적으로 승부를 겨룰 따름이다. 참된 프로의 세계에서는 우리 사회 일각에서 볼 수 있는 엉뚱한 정치력이나 집단적 물리력 사용과 같은 이기주의적인 행태는 있을 수 없다.

1994년 박찬호 선수가 미국 메이저 리그에 진출했다. 그가 뿌린 씨 앗은 밀알이 되어 2000년대 중·후반 한국 야구의 중흥기를 이루는 데 일조했다.

1998년 US 오픈에서 연못에 들어가 공을 쳐내며 우승을 일궈낸 박 세리 선수는 IMF 유동성 위기로 시름에 빠져 있는 국민들에게 할 수 있다는 희망을 선물했고, 이후 박인비 선수를 비롯한 '박세리 키즈'들이 LPGA에서 수많은 우승을 일궈내는 데 밑거름이 되었다.

"Control your destiny or someone else will!"

(당신의 운명을 지배하라. 아니면 다른 사람이 당신의 운명을 지배할 것이다!)

전 세계 기업인들이 가장 닮고 싶어 하는 제너럴 일렉트릭(GE)사의 전 회장 Jack Welchy가 남긴 말이다.

진정한 프로의 힘은 역경을 만났을 때 발휘된다. 고개 젓거나 포기하는 대신 어떠한 난관에도 굴하지 않겠다는 프로 근성으로 당면한 문제들을 하나씩 해결해 나가는 것, 그것이 진정한 프로이다.

나는 30세에 입문하여 청·장년기를 송두리째 바쳤던 '프로회계사' 생활을 마감하였다. 나름대로 후배 회계사들이 프로로서의 꿈을 키울 수 있도록 노력하였고, 고객에게 최상의 서비스를 하기 위해서 그리고 전문가적인 신뢰와 존경을 받고자 열과 성을 다하였다.

나름대로 성취감을 느낄 수 있었던 것은 오로지 한 사람의 파트너 (Partner)로서의 진정한 주인의식과 프로페셔널(Professional)로서의 열정 그리고 일등정신 때문이었다.

모든 직업인들이 각자 자신이 맡은 일을 천직으로 알고 도자기 하나에도 혼을 담아 구워내는 장인정신으로 열정과 자부심을 가지고 살아나간다면, 이 땅에서 우리 모두 더 높은 행복지수를 누리게 될 것이다.

'프로회계사'로서 활동했던 오랜 세월 동안 소중한 고객으로 머물러주신 회사와 임직원 여러분들께 한 번 더 감사말씀을 올린다.

프로페셔널과 전문직업인들뿐만 아니라 극심한 경쟁상황에서 자신감을 잃고 주눅 들어 있는 젊은이들에게 이 책을 드린다.

가슴 설렌다,
오늘 내가 할 일들!

프로는 직업의 소명의식을 갖춘 사람

권선복(도서출판 행복에너지 대표이사,
대통령직속 지역발전위원회 문화복지 전문위원)

우리나라 굴지의 기업 중 하나였던 대우그룹의 몰락은 당시 업계에 커다란 충격으로 떠올랐습니다. 부실감사가 문제가 되어 수많은 회계사들이 처벌을 받고 결국엔 한 기업의 몰락으로까지 이어졌던 것입니다. 이 모든 것의 원인은 바로 직업에 대한 소명의식의 부재라고 할 수 있습니다. 직업을 단순히 먹고사는 생계의 수단으로만 여긴다면 결코 프로가 될 수 없습니다. 진정한 프로는 자신의 일을 즐기고 사랑하는 소명의식을 가진 자만이 될 수 있는 것입니다.

김종호 저자는 무려 37년이라는 긴 시간에 걸쳐 오직 회계사라는 한 길만을 걸었던 '프로회계사'입니다. 매일 아침 설레는 마음으로 출근하는 프로페셔널리즘의 정신에 입각하여 자신의 역할에 최선을 다해 살아온 결과, 지금은 업계에서 내로라하는 베테랑이 되었습니다. 내가 먼저 최선을 다하면 조직이 발전하고 더 나아가 사회가 발전할 수 있음을 증명해보인 셈입니다. 저자의 이러한 인생역정이 세상에 널리 알려질 수 있다면, 직업을 단순히 고된 노동으로만 생각하는 현대인들의 지친 마음에 희망을 심어줄 수 있겠다는 생각에 흔쾌히 출간을 결심하였습니다.

　　『가슴 설렌다, 오늘 내가 할 일들!』은 김종호 저자가 회계사라는 외길 인생을 걸어오면서 보고 듣고 느끼고 경험했던 의미 있는 이야기들을 엮은 책입니다. 단순히 돈을 받고 일하는 아마추어의 삶이 아니라 자신의 일을 즐기면서 고객을 위해 봉사하는 프로의 삶이 무엇인지 잘 보여주고 있습니다. 바로 이 책이 현대인들에게 직업의 소명의식을 널리 일깨워주기를 기대해보며 모든 독자들의 삶에 행복과 긍정의 에너지가 팡팡팡 샘솟기를 기원드립니다.

중국 사회 각 계층 분석

양효성 지음, 이성권 번역 | 값 27,000원

"한중 수교 20여 년, 우리는 과연 중국에 대해 얼마나 깊이 알고 있는가?" 중국의 발 자크라 불리는, 중국 최고의 知靑 양효성의 10년에 걸친 역작! 이 책은 모택동 사후 시기의 중국(中國) 사회를 가장 심층적으로 분석하고 있다. 인문학적 시각으로 들여 다본 중국사회에 대한 깊은 연구는 대한민국의 성장과 밝은 미래를 위한 하나의 전 환점을 제시하고 있다.

제안왕의 비밀

김정진 지음 | 값 15,000원

『제안왕의 비밀』은 대한민국을 대표하는 14인의 제안왕 이야기를 담아내고 있다. 자 신의 삶은 물론 몸담고 있는 조직까지 변화시키는 제안의 놀라운 비밀을 이야기한다. 제안 하나로 청소부, 경비원, 기능공에서 대기업 임원, 교수, CEO로 등극하는 드라마 같은 인생이 펼쳐진다. 또한 제안왕이 되기 위해 반드시 숙지해야 할 십계명과 비결 등을 공개한다.

그대, 늦었다고 걱정 말아요

감민철 지음 | 값 13,800원

『그대, 늦었다고 걱정 말아요』는 바로 이렇게 힘겨운 시기를 보내고 있는 젊은이들에 게 따뜻한 위로의 메시지를 전하는 책이다. 현재 주어진 암울한 환경이 아닌, 어려움 을 통해 더욱 성장하게 될 미래의 자신을 바라보라고 주문한다. 우리가 늘 부정적으 로만 여겼던 고난의 진정한 의미는 과연 무엇일까? 지금 이 책에서 그 해답을 확인해 보자.

주인공 빅뱅

이원희 지음 | 값 13,800원

세상의 기준은 상대평가에 따르기 때문에 항상 서로를 비교하게끔 만든다. 그 과정에 서 우리는 우월감과 열등감을 오가며 천국과 지옥을 경험하곤 한다. 하지만 『주인공 빅뱅』은 그러한 악순환에서 벗어나 자기 자신이 평가의 기준이 될 것을 권한다. 스스 로가 객관적으로 자기 자신을 평가함으로써 정서적 · 지적 · 영적 · 인격적 성장을 이 룰 필요에 대해 강변한다.